Vue partielle de la grande fresque du bonheur réalisée à l'occasion du 29e Congrès national du CJD / 1er Congrès euro-méditerranéen à Marseille, en juin 2002.

Osez le bonheur

Thomastal - 67330 Bouxwiller - France
Tél. 33 (0)3 88 701 701 - Fax 33 (0)3 88 70 10 38
infos@livremedia.com

ISBN 2-911457-21-8

Centre des Jeunes Dirigeants d'entreprise

Le livre **BLEU** de l'entreprise

Osez le bonheur

Vetter Éditions

AUTEURS ET CONTRIBUTEURS

Ce livre est l'œuvre collective de neuf dirigeants,
membres du Groupe de recherche économique
et sociale du CJD (GRES 2000 / 2002) :

Jean-Paul Babut, Michèle Buinet, Bernard Destrebecq,
Hervé Gouil, Jean-Pierre Labonne, Christiane Nibbio,
Jean-Pierre Rapinat, Chantal Rémion, Jacques Ruaux.

Réalisé avec l'aimable contribution de :
Pierre-Antoine Chardel, Alain Delourme,
Octave Gélinier, Albert Jacquard, Robert Misrahi.

DIRECTION ÉDITORIALE

Richard Vetter
et Claire Jouanneault,
avec la complicité
de Sophie Daguin

MAQUETTE

Vincent Coudeyre

Les auteurs et les contributeurs sont représentés
par le Centre des Jeunes Dirigeants d'entreprise
19, avenue George V - 75008 Paris
Tél. 33(0)1 53 23 92 50 - www.cjd.net

Sommaire

Avant-propos 11

Introduction 13

Première partie
Qu'est-ce que le bonheur ? 17
Rencontres avec Robert Misrahi,
Pierre-Antoine Chardel,
Alain Delourme, Albert Jacquard.

Deuxième partie
Le bonheur, comment
le vivre dans l'entreprise ? 77
Le bonheur confronté à des notions comme
le pouvoir, la compétition, l'argent,
la complexité, le temps, l'échec,
la consommation, le respect du corps…

Troisième partie
Le bonheur, au centre
du management de demain ? 123
Vers la prise en compte de l'individu total
(Octave Gélinier). Un contexte favorable.
Une démarche possible.

Conclusion 155

Publications du GRES

(Groupe de recherche économique et sociale du CJD)

Cahiers du GRES n°1, publication interne, 1986.

Cahiers n°2 : *Vers l'entreprise métanoïque*, publication interne, 1988.

Cahiers n°3 : *Dirigeant : l'aventure intérieure*, publication interne, 1990.

Cahiers n°4 : *L'argent*, publication interne, 1992.

Cahiers n°5 : *Ressources illimitées (ou l'incroyable aventure d'une entreprise qui a osé se remettre en question et comment elle a réussi)*, Vetter Éditions, 1995.

Cahiers n°6 : *Documents confidentiels*, Vetter Éditions, 1998.

Cahiers n°7 : *Osez le bonheur*, Vetter Éditions, 2002.

Le bonheur est un vrai sujet pour l'entreprise de demain

La mission du Groupe de recherche économique et sociale du CJD, le GRES, est de mener périodiquement une réflexion prospective sur des sujets intéressant l'entreprise et son environnement, et d'alimenter la réflexion du CJD en idées nouvelles.

Alors que nous préparions notre prochain chantier de réflexion, celui-là même qui allait aboutir à ce livre, le malaise autour de l'entreprise s'amplifiait avec comme points de mire la souffrance au travail et le harcèlement moral[1]. Il nous est vite apparu que si l'entreprise voulait retrouver sa place dans la société, elle ne devait pas exclure de son champ de recherche le bonheur, préoccupation essentielle des personnes qui la constituent.

1. Christophe Dejours, *Souffrances en France*, Seuil, 1998 ; Marie-France Hirigoyen, *Le Harcèlement moral*, Syros, 1998.

À première vue, traiter du bonheur dans le cadre de l'entreprise pouvait paraître incongru, sans doute comme d'autres sujets l'ont été, depuis cinquante ans, tels que l'environnement, l'hygiène ou la sécurité. Au sein du CJD, terre d'expérimentation et d'anticipation, nous avons abordé le sujet avec pragmatisme et sans *a priori*, conscients de ne pas être des experts, mais sûrs d'être des personnes représentatives de la réalité de l'entreprise.

Petites ou grandes assemblées, beauté d'un cloître ou d'une abbaye, des vagues du bassin d'Arcachon à l'intimité d'un café périgourdin, partout où nous sommes allés pour associer à notre recherche les membres du réseau CJD, les jeunes dirigeants nous l'ont confirmé : ce sujet est un vrai sujet pour l'entreprise de demain.

Jean-Paul Babut,
Animateur du GRES 2000-2002

Invitation à explorer le bonheur

Ce livre est né d'une audace et d'un refus. Le refus de se laisser aller au pessimisme qui s'est abattu sur nos sociétés occidentales modernes et riches, et à cette complaisance, largement répandue, à ne plus voir dans l'entreprise que souffrance, stress et mal-être.

Et d'une audace. L'audace d'un contre-pied « *à l'insoutenable gravité de l'entreprise* ». L'audace de s'aventurer hors des sentiers battus et d'oser ouvrir un nouveau débat, en apposant au mot « entreprise » le mot « bonheur ».

Certes le risque est grand car le cocktail est pour le moins inhabituel. Mais n'est-ce pas la vocation d'un groupe de recherche que d'oser ouvrir des débats à contre-courant et de voir plus loin que l'horizon immédiat ?

Osez le Bonheur n'est pas un traité philosophique ou de management sur le bonheur. Il ne contient ni recette ni outil. Il soulève plus de questions qu'il n'apporte de réponses. Car nous savons désormais que quiconque cherche une réponse uniquement intellectuelle à la question du bonheur est sûr de ne pas la trouver, que le bonheur est avant tout une démarche personnelle qui s'articule autour d'équilibres subtils, et que chaque équation personnelle étant différente, méthodes, standards et normes sont, en la matière, proscrits.

Ce petit livre se veut d'abord une respiration, un temps d'arrêt dans nos vies agitées. Dans un premier mouvement, il vous invite à explorer le bonheur. De quoi parle-t-on quand on parle de bonheur ? S'appuyant sur les rencontres que notre groupe a faites avec des penseurs, cette première partie s'attache plus particulièrement à la question du rapport à soi et à l'autre, du lien entre l'individuel et le collectif, entre l'intime et le rationnel.

Dans un deuxième temps, il s'attarde sur toutes les objections habituellement faites à la coexistence possible entre bonheur et entreprise. Que pèse le bonheur face au pouvoir, à l'argent, à la contrainte, à la course contre le temps, à la peur de l'échec ou de la mort… Ce deuxième mouvement, fait de réflexions croisées, vous invite à dépasser les oppositions traditionnelles et à forger votre propre point de vue.

Enfin, la dernière partie replace le sujet dans une perspective plus large et plus prospective, celle de l'évolution du management. L'entreprise peut-elle prendre le risque, par scepticisme, cupidité ou facilité, d'ignorer ou de négliger la quête de sens et la recherche d'épanouissement personnel qui caractérisent notre société aujourd'hui ? N'est-il pas temps pour l'entreprise de se donner comme priorité d'essayer de lever tout ce qui fait obstacle au bien-être des personnes ?

Ami lecteur, à vous de jouer. De commencer là où le sujet vous attire. Et au fil des pages, d'apporter vos propres réflexions sur le bonheur et son lien possible avec l'entreprise.

Les membres du GRES

Faites-nous
EROS
ES
RA
BONHEUR
SAVOIR
AN
Partage

Première partie

Qu'est-ce que le bonheur ?

Qu'est-ce que le bonheur ? Telle est la question première. Celle à laquelle toute personne qui s'intéresse au sujet est confrontée. Le bonheur est-il joie ou plaisir ? Est-il durable ou éphémère ? Existe-t-il ou n'est-il qu'une chimère, un idéal inaccessible, une invention des poètes ? Bref, de quoi parle-t-on quand on parle de « bonheur » ?

Pour y répondre, le GRES *s'est longuement entretenu avec deux éminents spécialistes du sujet, deux personnes qui, chacune dans leur domaine, ont essayé de donner un contenu théorique à cette notion, que beaucoup évoquent mais que peu ont étudié en profondeur : Robert Misrahi, philosophe, et Alain Delourme, psychothérapeute.*

Une fois la définition du bonheur et ses axes de construction précisés, une fois affirmée la position de « sujet de sa propre vie *» que chacun d'entre nous doit acquérir pour rendre le bonheur possible, il nous est apparu nécessaire d'approfondir une question : celle de l'articulation entre l'individuel et le collectif. Le bonheur est, en effet, une affaire* *si personnelle qu'elle rend problématique toute dimension collective. Comment dès lors envisager un lien entre « bonheur » et « entreprise » ?*

Pierre-Antoine Chardel, philosophe et spécialiste de l'éthique en entreprise, et Albert Jacquard, généticien, que nous sommes allés interroger sur le sujet, apportent leur éclairage complémentaire.

Robert Misrahi est né à Paris en 1926. Agrégé de philosophie à 24 ans, il est actuellement professeur émérite de l'université de Paris I. Ses principaux ouvrages sont consacrés soit au philosophe Spinoza, soit à la question du bonheur :

Les Actes de la joie, *PUF, 1987 et 1997.*

Le Bonheur. Essai sur la joie, *Hatier, 1994.*

Qu'est-ce que la liberté ?, *Armand Colin, Coll. U, 1998.*

Spinoza et le spinozisme, *Armand Colin, Coll. Synthèse, 1998.*

L'Enthousiasme et la Joie au temps de l'exaspération, Rencontre avec Marie de Solemne, *Dervy, 2000.*

Neuf questions sur la quête du bonheur

Entretiens avec le philosophe Robert Misrahi

Le bonheur ! Que met-on vraiment derrière ce mot ? Peut-on dire qu'il existe ? Nous sommes persuadés que le bonheur est non seulement accessible mais qu'il est même le but ultime de nos vies. A contrario, *nous croyons aussi que le bonheur se cherche, et que ceux qui ne le cherchent pas sont sûrs de ne pas le trouver. Qu'en pensez-vous ?*

Le bonheur existe

Il est faux de penser que le bonheur est inexistant et inaccessible ou qu'on ne peut pas le définir. Lorsqu'on dit cela, on tombe dans une contradiction. Parce que si on affirme qu'on ne peut pas l'atteindre, c'est qu'on sait le définir.

Le bonheur est un contenu de pensée pertinent mais il doit s'appuyer sur des bases solides. La question du bonheur demande une étude préalable de la condition humaine.

Il est important, pour cela, de ne pas partir de l'extérieur. Les économistes, les sociologues regardent l'homme de l'extérieur ; ils le transforment en un agent mathématique abstrait, c'est-à-dire en consommateur, en vendeur, en acheteur. Dans la réalité, nous sommes des gens concrets qui consommons, vendons, achetons, ou faisons tout autre chose.

L'être humain est fait pour être heureux

Pour définir l'être humain de l'intérieur, il faut opérer par une réflexion sur soi. Tout individu, même s'il est dans l'erreur ou dans l'illusion, est conscient de lui-même. Le sujet resterait cependant abstrait s'il était réduit à la seule conscience de soi et de son identité. Il est aussi et d'une façon absolument universelle, Désir de vivre. Ici, à Désir, je mets un D majuscule pour distinguer le grand mouvement de la vie vers un avenir et vers les autres, de toutes ses incarnations particulières (désir de se nourrir, d'obtenir un objet, de se reproduire, etc.).

Dans la philosophie traditionnelle, le désir est défini comme la satisfaction d'un manque, un mouvement perpétuel d'insatisfaction. Cette description est erronée. Car dans le mouvement qui va vers l'objet, il y a aussi l'accès à la joie, à la satisfaction, au plaisir. Il ne faut pas occulter ce moment positif du désir. La joie est une expérience actuelle et effective, essentielle pour la compréhension du désir. Autrement dit, l'individu humain est destiné à la satisfaction. Et comme l'individu humain, c'est quelqu'un qui vit, la satisfaction va être plaisir de vivre. C'est-à-dire que le bonheur est la vocation de l'être humain, qu'on le reconnaisse ou non.

Beaucoup pensent que le vrai bonheur se limite à quelques rares moments intenses de l'existence. Ce n'est pas notre conviction. Pour nous le bonheur ne se limite pas à la somme des plaisirs, petits ou grands, de l'existence.

Vous insistez à juste titre sur le fait que l'on ne peut pas encore définir le bonheur par la seule jouissance. Pourquoi ? Ce n'est pas par moralité que l'on refuse cette idée mais parce que le déroulement de la vie se fait au milieu d'un groupe social et que les désirs tout à fait légitimes des uns et des autres se croisent et s'opposent le plus souvent.

Le doux désir de durer

Les philosophies hédonistes veulent penser que le bonheur et la jouissance se confondent. C'est impossible, car les volontés des différents sujets vont entrer en conflit et des difficultés internes vont naître de cette attitude.

La première difficulté, c'est que nous ne pouvons pas vivre sur le rythme du plaisir intense toute la vie. Il est normal qu'il y ait des alternances de plaisir et de sérénité... Le plaisir n'est pas immoral, mais, finalement, il peut être en contradiction avec l'ensemble de la société et devient insuffisant à nos propres yeux. Je ne vais pas passer ma vie à faire tous les restaurants trois étoiles. N'importe qui comprend que le plaisir doit être porté par autre chose.

Dans le temps et hors du temps

Lorsque l'on dit que le bonheur ne peut pas être durable, on confond bonheur et plaisir, bonheur et jouissance locale. Le plaisir est localisé dans le temps quand le bonheur nous permet d'être à la fois dans le temps et hors du temps.

Nous nous construisons dans le temps. Si nous fabriquons un objet, si nous édifions une institution, nous savons bien que ce travail se fait dans le temps, que l'aboutissement du projet est pour plus tard. Nous serons heureux de l'œuvre quand elle sera accomplie et, en même temps, nous sommes heureux de vivre, au présent, le temps créateur du projet.

Nous sommes donc à la fois dans le temps et dans l'intemporel. Nous sommes dans l'action et hors de l'action. Agir, c'est construire dans le temps. Aimer ce que l'on fait, c'est être hors du temps.

De l'incertitude à la sérénité

Quelqu'un qui n'aurait pas acquis cette distance réflexive serait complètement pris par le moment présent. Alors, à chaque instant, il pourrait être dans l'inquiétude (est-ce que je vais y arriver, est-ce que ça va tenir…). Les inquiétudes (économiques, techniques…) sont immenses. Elles consistent toujours à se limiter au présent et à avoir peur de l'avenir parce qu'on n'anticipe pas, parce qu'on n'a pas encore saisi le fait qu'une action est toujours inscrite dans l'incertitude de l'avenir. Et si vous êtes sûrs que vous êtes dans l'incertitude, si vous l'acceptez, vous n'êtes plus inquiets. Ayant une conscience claire que vous ne savez pas ce qui va arriver, vous prenez des mesures techniques, psychologiques, vous êtes préparés à tout. Vous approchez de la sérénité.

Pendant deux ans, nous avons chacun, à titre professionnel ou strictement personnel, été confrontés à des drames et à des crises. Quel peut être le rôle des crises ? Peuvent-elles être utiles pour les personnes et les entreprises ? Croyez-vous à un sens de la crise ? Nous nous sommes posé aussi la question de la souffrance et de la mort. Peut-on vivre sans souffrance ? Et question encore plus fondamentale : peut-on être heureux alors qu'on est mortel ?

La conversion réflexive

La mort, c'est un argument des tragiques. Quand nous mourons, nous ne sommes plus là. Se gâcher le plaisir de vivre parce que nous sommes mortels, c'est comme quelqu'un qui serait dans un train et qui voudrait descendre avant la fin, parce qu'il sait que le train a un terminus. Mieux vaut profiter du voyage.

Mais vous avez raison d'évoquer maintenant la crise. Parce que l'on n'arrive pas à cette décision de distance réflexive, à cette sérénité, à cette joie tranquille facilement. Et même, on n'a normalement pas envie d'y arriver. Comment y parvient-on ? Justement par l'idée de crise.

En vivant selon nos seules impulsions, nous allons rencontrer de très nombreux obstacles qui n'auront pas été prévus et qui nous feront mal, qui nous détruiront. Bref, si nous agissons à la « va comme je te pousse » spontanément, si nous croyons que les forces auxquelles nous sommes confrontés sont objectives comme la pesanteur, comme une pierre est une pierre, nous vivons dans un monde « empirique ». Nous serons toujours dans la passivité, toujours dans la menace de la servitude et de la destruction. En réalité, les forces économiques, pour ne citer qu'elles, ne sont pas objectives. On commence à s'en apercevoir.

La crise appelle un changement radical

Si nous vivons dans le monde empirique, nous allons être débordés, croire que nous sommes faibles, soumis aux déterminismes, impuissants, victimes. Nous allons nous heurter au monde des autres, nous allons vivre des drames, des difficultés qui peuvent aboutir à une crise, un moment de souffrance extrême. Alors se pose la question : « *Est-ce que je continue comme cela, ou est-ce que je change tout ?* ». La réponse doit être radicale. Ou on ne fait rien ou on bouleverse tout. La crise peut être féconde, mais elle ne l'est pas forcément : au bout de la souffrance, tous les individus ne réagissent pas par la volonté de recommencer. Certains se laissent couler. Pour d'autres, la crise peut leur apprendre que ce qui leur est arrivé appelle un changement radical. Changer tout d'un point de vue philosophique, c'est ce que j'appelle « *une conversion réflexive* ».

Le bonheur passe, nous en sommes persuadés, par une réflexion sur le sens de sa vie, de ses actes. Il est en germe chez chacun d'entre nous, pourvu qu'on le cultive et qu'on lui accorde le travail qu'il mérite. Le bonheur est donc infiniment personnel et pourtant il ne peut pas être solitaire car on ne peut pas être heureux sans les autres. N'est-ce pas ce qui rend le bonheur si compliqué ? Comment arti-

culer, sur la question du bonheur, l'individuel et le collectif ?

La joie de se sentir libre

Le travail sur soi consiste d'abord à découvrir la liberté créatrice de chacun. Nous allons nous apercevoir que tous les obstacles que nous avons rencontrés n'étaient pas objectifs. Ils étaient aussi construits et constitués par nous-mêmes. Nous prenons alors conscience de la part que nous avons prise dans cette situation négative. Nous avons cru que nous pouvions ignorer les autres, que les forces économiques étaient objectives, que le destin de l'humanité était tragique... Nous avons cru mille choses et à force de les croire, nous leur avons donné corps. Il est essentiel de prendre conscience de notre responsabilité dans les difficultés, non pour nous en accuser, mais pour assumer notre part créatrice. Nous avons été complices, co-responsables. Nous sommes libres et nous avons mal usé de notre liberté, ce qui nous a conduits à l'échec. Ne refusons pas notre liberté mais son mauvais usage.

Construire son autonomie

Nous sommes des êtres rationnels. Nous pouvons donc nous reconstruire. Pour nous aider, il y a autrui. Mais autrui vit peut-être dans un monde empirique. On ne peut pas se lancer tout de suite avec lui. Il faut d'abord être capable de construire sa propre autonomie par rapport aux idéologies, aux idées, de faire un travail solitaire. Ce sera le premier acte de joie. La joie de se sentir libre, d'avoir abandonné tous ses préjugés : « *je suis juge de mes valeurs, source de ma vie, de son organisation. Je suis à la fois mon maître et mon créateur* ».

L'autonomie va produire une joie. Mais cette joie va rencontrer les mêmes difficultés que tout à l'heure le plaisir. Logiquement une fois que l'on a construit sa propre personnalité, on est autorisé à satisfaire un autre désir profond en nous, le mouvement vers autrui, d'abord vers les personnes qui ont parcouru le même itinéraire que nous, qui sont conscientes de leur liberté de sujet et de leur vocation au bonheur et qui ont le désir radical de changer. Si on a affaire à des gens qui commencent par dire « *nous sommes peu de chose, et puis ce*

n'est pas possible, il y a Tokyo, Wall Street… »,
en effet, on ne pourra rien faire.

Il nous a semblé utile d'identifier les comportements qui éloignent ou rapprochent du bonheur. Avoir une attitude d'ouverture, se centrer sur le présent au lieu de vivre dans la nostalgie du passé, dans l'exaltation ou la peur de l'avenir, se détacher de la culpabilité qui a souvent marqué notre éducation, garder une capacité d'émerveillement nous semblent des attitudes positives. Pensez-vous que l'on puisse cultiver des attitudes justes et lesquelles ? Pensez-vous ensuite possible de les vivre dans l'entreprise ?

L'homme n'est pas une machine quantitative

C'est ça « le challenge ». Que peut-on faire dans l'entreprise, dans ce lieu qui semble le plus étranger à la réalisation d'une autre manière de vivre ? D'abord changer le rapport entre les gens. Essayer de maintenir le sens des responsabilités sans que ce soit un sens de la hiérarchie. J'ai vu les Américains, à Paris, en 1945. Ce qui était frappant, c'était que les officiers étaient tous en blouson. Ils n'avaient que de tout petits signes de distinction. Ils n'ajoutaient pas de barrières formelles.

Tous les individus sont égaux. Ils n'ont pas forcément la même compétence, mais ils peuvent l'acquérir, à un moment ou à un autre de leur vie. Tous les enfants de l'humanité, s'ils reçoivent une éducation, peuvent devenir électroniciens ou astronautes.

Les individus ont une valeur de sujet absolument identique. Il est important qu'eux-mêmes soient conscients de ce qu'ils valent et que ce qui est en train de se réaliser dans une entreprise est une œuvre commune. Les employés craignent souvent que la coopération et l'échange de confiance ne mènent à une autre forme d'exploitation. C'est une réaction empirique, parfois justifiée. Il y a une éducation à refaire et pour tous. C'est la première transformation radicale. Elle est difficile mais possible.

Le but n'est pas le profit

Pour que cette transformation relationnelle ait un sens, chacun doit être convaincu que nul ne souhaite exploiter personne. Pourquoi ne chercherait-on pas, par exemple, à ce que l'éventail des salaires soit le plus étroit possible ? Et si l'entreprise mettait au premier plan le souci de ce qu'elle crée, avant le profit ? Celui-ci n'est pas une fin en soi. Il ne peut être que comptable. Il se mesure avec des symboles fiduciaires. Il est forcément quantitatif.

C'est une grossièreté de réduire l'être humain à une machine quantitative. Il est nécessaire de s'en convaincre et d'être autonome par rapport au profit. Aujourd'hui, l'entreprise est une machine à produire du profit. À nous, et aux chefs d'entreprise en particulier, d'inventer une autre définition et peut-être d'autres formes de propriétés.

On peut penser, par exemple, à un modèle coopératif qui permettrait de créer assez de plus-value pour qu'il y ait une redistribution décente, selon les compétences, mais où personne ne se sentirait humilié. Car c'est bien en termes d'« humiliation » que les gens posent le plus souvent le problème du salaire…

On ne peut pas réussir sa vie en exploitant autrui

Sénèque, philosophe stoïcien sous l'empire romain, possédait des oliviers et on le lui reprochait. On lui disait : « *Vous faites des discours sur la liberté intérieure, l'absence de passion, mais vous êtes un gros propriétaire, vous possédez des oliviers* ». Il répondait : « *Je possède des oliviers mais ils ne me possèdent pas* ». Nous n'avons pas à nous sentir coupables de nos propriétés pourvu qu'elles ne soient pas destinées à réduire l'humanité des êtres humains avec lesquels nous sommes en relation.

S'agit-il d'un discours moral, voire moralisateur ? Non. Je ne sais pas s'il est immoral d'exploiter autrui. Je dis qu'une relation à autrui qui ne serait que quantitative et dissymétrique n'existerait pas en tant que telle. Les individus en haut de la hiérarchie se retrouveraient seuls et entreraient ainsi en contradiction avec leur quête d'une vie réussie. Autrement dit, ce n'est pas parce que c'est immoral qu'il ne faut pas exploiter autrui. C'est parce que c'est contradictoire avec une vie réussie qui demande que la relation à autrui soit bonne. Une existence humaine réussie se vit dans la réciprocité (sinon c'est le conflit et l'on retrouve l'inquiétude).

La recherche de la réciprocité, de la justice, de l'équité n'est donc pas commandée par des raisons religieuses ou morales, mais par des raisons eudémonistes, c'est-à-dire liées au bonheur. C'est pour que notre vie soit réussie que l'on doit combattre l'injustice.

De nombreuses traditions nous proposent aussi de nous exercer à une plus grande capacité d'accès au bonheur. Trois chemins semblent privilégiés : la philosophie, la connaissance de soi, la quête spirituelle. Quelle est votre vision sur ce point ? Pensez-vous que la philosophie aide vraiment à être heureux ?

Développer son autonomie par la philosophie

Je peux faire une réponse qui tienne compte des réalités vécues par mes contemporains et vous dire que les trois voies existent et qu'elles sont complémentaires. Dans un souci de tolérance, il est bien que les différentes possibilités d'éducation soient ouvertes. On ne va pas défendre la liberté en excluant.

Mais, si j'apporte une réponse personnelle, je pense qu'en se référant à ces trois dimensions, on met la charrue avant les bœufs. Parce qu'on présuppose qu'il y a un Dieu, un rapport à l'absolu, et un inconscient. Or, pour moi il n'y a pas de transcendance. L'humanité est seule et il faut qu'elle se débrouille seule. C'est parce que, le plus souvent, elle n'en a pas le courage qu'elle cherche l'absolu. De même, je veux bien reconnaître l'efficacité de la psychologie pour des gens qui souffrent. Mais celle-ci demande d'admettre qu'il y a un inconscient et qu'il est déterminant, ce dont je ne suis pas convaincu.

Ce que nous voulons, c'est construire une éthique avec un sujet averti. Pour cela il ne faut pas le soumettre à des forces qui le dépasseraient (l'inconscient) ni à des puissances et des valeurs qui le commanderaient (l'absolu). Ces références peuvent être à sa disposition, à un moment, mais il est préférable qu'il se soit d'abord constitué en sujet, qu'il ait développé son autonomie. Seule une philosophie du sujet, de la raison, de la liberté le lui permettra. Pas une philosophie ou une religion qui démolit le sujet en mettant en avant les déterminismes ou en lui demandant de renoncer au désir.

« Bonheur et entreprise ». Notre groupe s'affronte depuis le début sur l'association de ces deux mots. Certains défendent l'idée que le bonheur est d'abord une histoire personnelle et que l'entreprise aujourd'hui, avec les logiques qui s'y affrontent, est pathogène. Et la liste serait innombrable des maux causés par le système économique dans lequel nous sommes. D'autres, au contraire, insistent sur le fait que l'entreprise est, après la famille, le dernier espace collectif structurant et solide qui reste à la disposition des personnes et qu'elle peut être un lieu d'épanouissement. Que pensez-vous de ce paradoxe ? Associer « bonheur et entreprise », est-ce pertinent ou bien un leurre et un abus de langage ?

L'entreprise est un système perfectible

Faisons un parallèle. En France, on ne cesse de constater les lacunes de notre démocratie. La première tentation est de dire qu'elle est un mythe inadapté à notre temps, puisqu'elle laisse de côté une très grande quantité de gens. L'autre vision, et c'est la mienne, consiste à penser que ce n'est pas la démocratie qui produit tous ces maux, mais au contraire, dans chaque secteur, l'absence de démocratie.

Il en va de l'entreprise comme de la démocratie. Les souffrances produites par l'entreprise ne sont pas le fruit de l'entreprise en elle-même mais plutôt de l'entreprise telle qu'elle est conçue aujourd'hui. On doit donc chercher à la perfectionner, plutôt que de lui substituer un autre système, c'est-à-dire, comme on l'a dit plus haut, s'appliquer à changer les relations, le rapport à l'argent, le sens de la propriété.

En réfléchissant plus avant, quelles peuvent être les pistes d'action pour favoriser le bonheur dans l'entreprise ? Nous sommes bien d'accord pour dire qu'on ne peut pas faire le bonheur des autres. Mais pourrions-nous au moins éviter de produire du malheur ? Que peut vraiment faire un chef d'entreprise ?

Le bonheur se partage

Il s'agit de créer une expérience intérieure personnelle qui entre en relation avec la société ou, dans votre cas, avec les personnes de votre entreprise. Cette expérience sera d'autant plus riche que le travail de réflexion sur le bonheur sera également fait par d'autres. Le bonheur est la synthèse temporelle des grandes joies que l'on est capable de vivre. Il en est aussi le partage.

Le dirigeant devrait ainsi, en même temps qu'il mène des recherches techniques (économie, gestion, marketing...), commencer à acquérir une culture philosophique. Il est possible d'établir un lien entre réflexion éthique et entreprise. Nous avons mis en évidence les difficultés mais nous sommes persuadés qu'il y a des ouvertures, des progrès possibles. Vous, vous dirigez des petites entreprises, des entreprises personnelles. La tâche que je vous propose est double : comment appliquer les modalités de nos réflexions à des PME, mais aussi à des grands groupes, en particulier financiers, à des entreprises abstraites. Comment se poseraient pour elles les problématiques que nous échafaudons pour les entreprises à taille humaine ? Est-ce que la conversion réflexive s'arrête au seuil de l'économie spéculative ? Bref, vous avez un rôle de formation vis-à-vis de ceux qui influent le plus sur le marché économique aujourd'hui.

La question à leur poser ne serait-elle pas finalement celle que nous voulions vous poser pour conclure : celle du sens de la performance ?

L'humanité est vouée au bonheur

Tout à fait, car ils sont dans une erreur extrême qui consiste à croire que le rôle de l'économie c'est de fabriquer de l'argent. Et dans quel but ? Pour fabriquer de l'argent. Un individu qui passe son temps à s'enrichir devant un écran devient quantitatif et virtuel. Alors comment vit-il en dehors du travail ? Qu'apprend-il à ses enfants ?

L'humanité n'est pas méchante, elle est concurrentielle. Elle est vouée au bonheur, mais elle ne le sait pas, car elle rencontre trop de difficultés. La guerre s'arrête quand on a compris les avantages de la négociation.

Le bonheur est à la fois le chemin et le but. Ne vous privez ni de l'un ni de l'autre. ■

Pierre-Antoine Chardel est né en 1970. Docteur en philosophie et sciences sociales, il enseigne actuellement à Stanford University ainsi qu'au Collège international de philosophie.

Publications récentes :

« Un besoin de sens ? De la déontologie à l'éthique », Cadres CFDT, *novembre 2002.*

« Du primat du visage aux richesses inattendues de l'écriture. Propos sur l'herméneutique d'Emmanuel Lévinas », Revue philosophique de Louvain, *février-mai 2002.*

« Responsabilité juridique et responsabilité éthique : une dialectique nécessaire pour l'entreprise ? », Entreprise Éthique, *avril 2002.*

Bonheur, culture commune et souci de soi en entreprise

Pierre-Antoine Chardel, philosophe

Vers une privatisation du bonheur ?

Avec les nouvelles technologies et les nouveaux modes d'organisation qu'elles permettent, l'entreprise n'est plus aujourd'hui un lieu d'appartenance circonscrit mais un pôle d'échanges et de flux, plus diffus et plus complexe, auquel les salariés et les cadres ont bien souvent du mal à s'identifier. Les conditions d'un « vivre-ensemble » ne se trouvent plus systématiquement définies car si les structures deviennent plus flexibles, elles ne sont pas pour autant porteuses de sens. Beaucoup d'individus se sentent de plus en plus déchirés et insatisfaits dans ces nouveaux contextes. Par conséquent, le sens est de plus en plus cherché en dehors du travail, dans la vie privée. On assiste à ce que Paul Ricœur appelle une « *privatisation du bonheur* »[1].

---

1. Paul Ricœur, *Du texte à l'action. Essais d'herméneutique II*, Seuil, 1986, p. 438.

La situation est si inquiétante que certaines entreprises tentent d'y remédier et recherchent de nouvelles méthodes de gestion des ressources humaines. Il s'agit essentiellement de promouvoir l'individu et de susciter son implication. Les entreprises soignent leurs cadres et parlent de « *management par les valeurs* ».

Cette mutation est sans aucun doute positive. Cependant, elle n'est pas dépourvue de contradictions et d'ambiguïtés. On est, en effet, souvent confronté à des situations où l'éthique tend à n'être qu'une stratégie de communication et de légitimation. Il y a incontestablement une tendance qui consiste à faire du bonheur un objet extérieur en le réduisant finalement à quelque chose de mesurable, d'identifiable par des objets et des signes (par exemple : la voiture de fonction, l'ordinateur portable, etc.) qui agissent comme des preuves. Le bonheur devient un objectif qui relève alors de l'acquisition. Une telle démarche demeure évidemment trop restreinte dans la mesure où elle s'avère soumise à des impératifs de rationalité en négligeant une part essentielle : l'être et le sens.

Ce dont manquent le plus les hommes, c'est de signification

En privilégiant ce qu'on appelle la rationalité instrumentale, notre société moderne a tendance à générer une absence de sens. « *Nous découvrons que ce dont manquent le plus les hommes,* écrit Paul Ricœur, *c'est de justice certes, d'amour sûrement, mais plus encore de signification* »[1]. La signification, le sens, la pertinence sont pourtant les conditions essentielles de notre bonheur.

À cet égard, les fusions entre entreprises relèvent d'une exigence de rationalité qui néglige fondamentalement le fait qu'une entreprise doit rester une communauté d'individus qui a besoin de repères tangibles pour avancer et embrasser des projets. Il faut pour cela savoir dans quelle direction, pour quelle direction l'on doit travailler, voire selon quel idéal. Or, il est aujourd'hui frappant de remarquer que nombre de cadres ont des contacts extrêmement limités avec leurs supérieurs, ou même avec leurs collègues au sein d'un même service. Dans le cas des grands groupes soumis à des fusions

1. Paul Ricœur, *Histoire et Vérité*, Seuil, 1964, p. 312.

permanentes, c'est encore plus manifeste. Le bonheur passe par l'appartenance à une culture dans laquelle on se reconnaît et qui nous permet de devenir ce que l'on cherche à être. C'est à cette condition que nous pouvons être des hommes de prospective. Cela veut dire, bien sûr, que l'entreprise doit donner les moyens aux salariés de s'interpréter dans un horizon de sens et selon des références précises, des valeurs incarnées. C'est en respectant de telles exigences que les entreprises pourront voir leurs salariés plus épanouis. Ceci constitue évidemment un investissement important de la part des dirigeants sur le plan managérial.

Devenir « ami de soi »

Il n'est pas vain cependant de rappeler qu'un tel investissement doit être avant tout individuel. On a tendance à privilégier et à rechercher les grands bonheurs en négligeant le fait que le bonheur peut être simple et résulter de choses infimes, comme être simplement bien avec soi-même, c'est-à-dire en confiance. Le bonheur authentique ne peut être qu'intérieur, il ne relève en aucun cas de l'acquisition, de l'avoir, de signes extérieurs. On peut tout posséder et ne rien voir, ne rien éprouver, si l'on n'est pas devenu préalablement « ami de soi ». Puisque le sens est de moins en moins prédonné et porté par des cultures d'entreprise définies, il importe de le penser individuellement et d'en faire l'enjeu d'une culture de soi.

Un des points essentiels de cette activité consacrée à soi-même, c'est qu'elle constitue, non pas un exercice de solitude, mais une véritable pratique sociale. Il est nécessaire de se « soucier de soi » afin de pouvoir s'engager pleinement et harmonieusement dans la vie en commun. Être soi est le contraire d'un moi égoïste et replié sur lui-même.

Le bonheur est quelque chose qui devient

Dans cette culture de soi, notre bonheur est le fruit d'une maturation très lente. On s'éloigne du bonheur en le cherchant dans l'excès, c'est-à-dire dans la précipitation. La quête du bonheur passe donc évidemment par une redéfinition de notre rapport au temps. Comme le disait Aristote, « *une hirondelle ne fait pas le printemps, ni non plus un seul jour : et ainsi la félicité et le bonheur ne sont pas davantage l'œuvre d'une seule journée, ni d'un bref espace de temps* »[1].

Le bonheur est quelque chose qui devient. C'est dans le temps que nous pouvons nous réaliser et nous accomplir.

Le manque de temps entrave certainement notre recherche de bien-être. C'est là un défi majeur pour le salarié pour qui la gestion du temps est devenue un enjeu particulièrement crucial. Même si en travaillant 35 heures le quotidien est censé devenir moins oppressant, le rapport au travail devient plus subtil. Il faut, en effet, être tout aussi productif en travaillant moins de temps, ce qui veut dire plus intensément.

On voit également comment la distinction de la sphère privée et de la sphère professionnelle se trouve remise en question par les nouveaux moyens de communication. Du coup, le temps libre, loin de délivrer totalement l'*animal laborans*, rend plus aigu et plus complexe son rapport au travail. En définitive, les individus soumis aux impératifs de la concurrence courent toujours autant « après le temps ». Comment surmonter de tels paradoxes ?

1. Aristote, *Éthique à Nicomaque*, Vrin, 1990, p. 60.

Il faut vouloir être heureux

Il faut sans doute admettre que si nous ne pouvons pas avoir d'emprise sur le temps, le temps par essence nous échappant toujours, nous pouvons en revanche orienter notre volonté. C'est bien elle qui nous porte en définitive vers le bonheur. Il faut vouloir être heureux. Comme le disait Alain, « *il n'est pas difficile d'être malheureux ou mécontent ; il suffit de s'asseoir, comme fait un prince qui attend qu'on l'amuse* »[1]. Il est en revanche plus difficile d'être heureux. C'est un combat contre beaucoup de choses. Il est impossible que l'on soit heureux si l'on ne veut pas l'être : « *Il faut donc vouloir son bonheur et le faire* »[2]. Mais peut-on le faire isolément ? Peut-on être heureux sans l'autre ? Quelle est la valeur d'un bonheur sans partage ? Le bonheur est sans aucun doute lié à une forme de convivialité. Seule la reconquête d'une convivialité essentielle pourrait à tout le moins nous permettre de briser l'anonymat qui annule toute recherche de mieux-être et qui rend toute quête de sens insensée. ■

1. Alain, *Propos sur le bonheur*, Gallimard, 1928, p. 210.

2. Ibid.

Alain Delourme
est docteur
en psychologie,
consultant et coach.

Il est l'auteur de :

Le bonheur possible : philosophie du changement personnel, *Retz, 1999,*

La distance intime : enjeux et modalités de la relation d'aide, *DDB, 1997.*

Le bonheur est un travail, le travail est-il un bonheur ?

Alain Delourme, psychothérapeute

Le bonheur est un sujet passionnant mais délicat, car il ne s'agit pas seulement d'analyser un concept mais de défendre un mode de vie. La vie n'est pas que souffrance, nous avons à prendre de la distance vis-à-vis de la complaisance à l'égard du tragique, mais la vie n'est pas que jouissance non plus.

Mon projet a été de préciser les conditions du bonheur et les modalités de sa construction. Pour un psychothérapeute, il s'agit au quotidien d'aider des individus en souffrance et des groupes de thérapie ou de formation à évoluer positivement. Pour des dirigeants, il s'agit d'animer des équipes et des entreprises. Nous avons au moins un projet commun qui est d'inviter les hommes à se responsabiliser et à se construire, individuellement et collectivement, un avenir meilleur. Il ne s'agit pas de donner des recettes mais de proposer un cadre réflexif et une ouverture pratique.

Être en paix avec soi-même

Le bonheur n'est pas facilement définissable. L'état de sérénité, la satisfaction intérieure, le sentiment d'un élan agissant, l'amour de différents aspects de la vie, tout cela y participe mais comment le conceptualiser ? Comme le remarquait Jean-Jacques Rousseau : « *Tout homme veut être heureux ; mais pour parvenir à l'être, il faudrait commencer par savoir ce que c'est que le bonheur* »[1].

Ma définition du bonheur est la suivante : c'est l'expérience de soi-même comme sujet libre, désirant et responsable de ses choix existentiels. Le bonheur est avant tout une qualité du rapport à soi-même puis une harmonie dans le rapport aux autres et au monde. Il suppose de globalement pouvoir répondre aux questions « *qui suis-je ?* » et « *comment vivre ?* ». Il implique la reconnaissance des contradictions et des complexités.

Le bonheur, c'est être en paix avec soi-même. Ce n'est pas avoir trouvé la vérité mais être dans le vrai, être soi-même, avec modestie et justesse.

---

1. *Émile ou de l'Éducation*, 1762.

Les quatre piliers du bonheur

Le bonheur est une construction qui s'étaie sur quatre piliers : le partage affectif (le désir d'aimer et d'être aimé), la quête de sens (le désir de comprendre et de co-naître), la créativité, notamment dans l'organisation de sa vie (le désir d'inventer), et l'engagement, notamment professionnel (le désir de participer, de co-construire). Il n'est pas indispensable pour exister avec bonheur de s'épanouir à ces quatre niveaux mais leur développement en synergie favorise la stabilité de l'existence heureuse et la résistance à la souffrance.

Le partage affectif

Le bonheur demande des liens relationnels solides et durables, réfléchis et authentiques. Ceux qui proclament leur indépendance, avec orgueil, avouent aussi souvent leur solitude, avec dépit. Le bonheur requiert une intimité partagée, fondée sur un engagement mutuel et une proximité respectueuse : chacun par sa présence et son attitude affirme la valeur de l'autre et le confirme dans son existence. Ainsi, pourrait-on dire, le bonheur est dans le près…

Ce partage affectif se vit à tous les temps. Au passé, avec les amours finies mais intérieurement vivaces (mort, séparation), ce qui nécessite de savoir purifier les souvenirs des séquelles de regrets. Au présent avec les amours, les amis, et les collègues rencontrés, ce qui nécessite de savoir se délivrer de la rancœur et de la manie des reproches. Au futur avec l'évolution soutenue des relations actuelles et la création de nouveaux liens. C'est toute une relation à l'autre et au temps qui peut ainsi se métamorphoser.

La quête de sens personnelle

La quête de sens suit trois voies principales : le travail thérapeutique sur soi, la réflexion philosophique et la démarche spirituelle.

Le travail thérapeutique consiste surtout, avec l'aide d'un professionnel, à identifier les aspects cachés ou méconnus de soi-même. Cette démarche vise à approfondir l'auto-connaissance, à dénouer les problématiques aliénantes et à faire redémarrer le processus de croissance.

La réflexion philosophique consiste à analyser, élaborer et rendre intelligibles les questions posées par la vie même. En établissant les présupposés de nos pensées, en formulant des questionnements clairs, en développant des raisonnements rigoureux, cette discipline aide à affronter les interrogations existentielles et à s'engager dans des convictions et des valeurs personnelles.

La quête spirituelle peut avoir des objectifs proches du travail thérapeutique et de la réflexion philosophique. Le développement de la conscience et le sens du sacré qu'elle vise peuvent avoir un impact puissant sur le niveau énergétique de l'être.

Un travail psychothérapique sur sa problématique propre, une réflexion philosophique sur le sens et les enjeux de l'existence et une recherche d'évolution spirituelle peuvent se combiner, aucune de ces approches n'ayant la propriété exclusive de la vérité.

La créativité dans l'organisation de sa vie

L'aspiration au bonheur nécessite d'établir une cohérence entre ses pensées, ses projets et ses actions. Construire un accord entre soi et le monde est une activité à la fois réflexive, inventive, créatrice, ce qui ne veut pas dire artistique. Il ne s'agit pas de transformer l'existence en une œuvre d'art, faisant l'admiration des autres, ou de s'imposer un mythe de la performance, toujours menacé de délire ou de mensonge, mais d'organiser sa vie d'une manière qui soit adéquate à ses désirs propres. Cette créativité s'exerce au quotidien.

Comme exemple, je prendrais volontiers celui du voyage. À la fin de son *Tour du monde en 80 jours*, Jules Verne ajoute une épigraphe singulière : « *Dans lequel il est prouvé que Phileas Fogg n'a rien gagné à faire ce tour du monde, si ce n'est le bonheur* ». Si, au bout du voyage, c'est soi que l'on rencontre, ce sont souvent d'autres facettes de soi-même, un autre visage, d'autres émois, d'autres idées. En effet, le voyage modifie l'ambiance interne et, en nous distanciant de notre quotidien et de ses fréquentes lourdeurs, il génère des pensées renouvelées. Le bonheur peut se trouver au point de départ du voyage mais il nous faut effectuer des périples plus ou moins longs pour le découvrir ou le réveiller.

L'engagement dans des actions signifiantes

« *Je m'étais remis au travail*, se réjouissait Gauguin, *et le bonheur habitait dans ma maison* ». Il existe en nous un désir de nous réaliser dans nos actions, de donner un sens à notre contribution sociale, de participer vraiment à un collectif. Car le travail n'est pas seulement l'occupation professionnelle mais aussi toute activité où l'on s'implique, tel l'engagement associatif ou la participation sociale. L'ambition professionnelle, qui est à la fois demandée et décriée, n'est pas incompatible avec le bonheur si elle est souci de voir plus loin. Ce qui importe, quel que soit le domaine considéré, est que nos activités soient signifiantes, qu'elles génèrent du sens dans le rapport à nous-mêmes et au monde.

En ce début de siècle, beaucoup se retrouvent perdus face au double mouvement d'éclatement des familles et des frontières qui va en s'accélérant. Ils se recroquevillent sur une position individualiste qui possède une face éclairée, un sentiment de liberté, d'autonomie, mais qui a aussi une face sombre qui est le douloureux sentiment d'isolement, l'angoisse de perte ou d'abandon. Le « *tout-à-l'ego* » s'accompagne donc d'un « *chez-nous manquant* ». L'appartenance communautaire, l'existence coopérative sont nécessaires à la vie heureuse. C'est ce que propose l'entreprise.

Trois objections à dépasser

Le bonheur est égoïste

« *On ne dit pas assez que ce que nous pouvons faire de mieux pour ceux qui nous aiment, c'est encore d'être heureux* », remarque le philosophe Alain dans ses *Propos sur le bonheur*. Le véritable souci pour l'autre dépend du soin que l'on met à s'aimer soi-même. Le bonheur est effectivement à construire individuellement, mais il se déploie rarement dans l'isolement et l'autarcie. Il ne concerne pas l'individu isolé mais la personne en relation, le sujet social et les groupes auxquels il appartient et participe. Le partage de la joie est une part substantielle de l'itinéraire heureux, une nécessité du bonheur, qui n'est donc pas si privé qu'on le croit. Tentons d'en finir avec la culpabilisation d'un bonheur égoïste et proclamons la parenté entre le contentement de soi et la vraie générosité.

Le bonheur est un déni de la souffrance

Si l'on s'intéresse au bonheur et à la joie, ne risque-t-on pas de s'illusionner et notamment d'oublier la souffrance ? On trouve très souvent dans les doctrines religieuses mais aussi dans la littérature psychologique ou philosophique non seulement cet avertissement, mais la sacralisation d'un pessimisme complaisant.

Les délices de la conscience malheureuse créent une joie bien sombre qui consiste à révoquer le bonheur pour se complaire dans la difficulté et dans une pseudo-lucidité. De même que la lumière n'est pas un refus de l'obscurité, le bonheur n'est pas un déni de la souffrance mais un autre mode de vie, un autre vécu, un mouvement éclairé qui ne rejette pas les zones d'ombre mais cherche plutôt à les comprendre et à les intégrer.

Les déceptions répétées ralentiront le cheminement heureux mais elles ne le stopperont pas, et parfois même elles le dynamiseront.

Car l'angoisse et l'échec sont aussi des incitations à mieux réfléchir et à mieux agir. Et la difficulté du bonheur devient un moteur du progrès. En l'absence de toute inquiétude, l'individu pourrait ne pas imaginer que les choses puissent être autrement et s'endormir dans une indifférence plate vis-à-vis du monde. N'ayant aucun obstacle à affronter, pourquoi chercherait-il à se modifier par l'action ?

Le bonheur est utopique

C'est faux si l'on se réfère au sens commun du mot « utopie », à savoir quelque chose d'irréaliste dont il vaut mieux abandonner l'idée. C'est vrai si on considère l'utopie dans son sens philosophique : il ne s'agit plus d'une illusion mais d'un nouvel horizon, d'un projet qui non seulement ne nous égare pas mais nous éclaire sur nos souhaits intimes. C'est ce qui faisait dire à Victor Hugo que « *l'utopie, c'est la vérité de demain* ».

L'intention de l'utopie est positive, elle repose sur le constat que les choses pourraient être autrement : c'est à la fois un fait, un soupir et l'émergence d'un désir. L'homme s'anime du pressentiment de sa liberté future. Comprenons que les utopistes ne sont pas naïfs. Ils savent seulement que le bonheur est possible et visent l'instauration d'une vie pleine, d'une jouissance existentielle.

Le bonheur est-il soluble dans l'entreprise ?

Le travail écartelé entre bonheur et malheur

Les relations entre bonheur et travail s'enferment souvent dans un face à face insoluble entre deux pôles extrêmes. D'un côté la vision d'un travail intrinsèquement aliénant auquel sont condamnés les hommes. De l'autre côté, des activités professionnelles conçues au contraire comme des contributions au progrès de l'humanité, un fondement du lien social et une forme supérieure de l'accomplissement personnel et de l'expression de soi. Meilleur moyen de perdre sa vie en la gagnant pour les uns, essence même de l'homme pour les autres.

Le travail est donc à la fois source de bonheur et de malheur, d'exploitation et de libération. Les deux théories, et surtout les deux vécus, cohabitent en chacun de nous en proportion variable, selon notamment l'impression de responsabilité et de reconnaissance éprouvée par la personne. C'est dans la possibilité d'autonomie et de créativité que se joue la maîtrise par le travailleur de son propre travail, condition nécessaire d'un épanouissement professionnel.

I have a dream

Il me semble plus effrayant que rassurant d'utiliser le mot « bonheur » dans le cadre de l'entreprise. Il est préférable d'inviter chacun à aller dans le sens d'une amélioration de son existence, dans le sens de ce qu'a pu être son rêve. Dans un conte, le roi dit à l'enfant « *tu dois apprendre à être ton propre rêve* ». Le chef d'entreprise peut-il envoyer un tel message : « *vous pouvez être votre rêve et tous ensemble, nous pouvons participer à cette construction à la fois individuelle et collective...* » ?

Dans les entreprises, les gens travaillent énormément et sont sous tension. Si personne ne s'occupe de ces tensions, elles vont devenir chroniques, les capacités vont baisser intellectuellement, physiquement. Cela ralentit la richesse, la créativité et il y a une contamination émotionnelle qui se propage à toutes les situations. À l'inverse, des gens décontractés ou calmes peuvent, eux aussi, contaminer positivement le groupe.

L'entreprise aujourd'hui ne peut pas prétendre au bonheur car elle est trop centrée sur l'action, la productivité, l'efficacité. Elle n'est pas adaptée au bonheur. Pour qu'elle puisse participer à l'épanouissement de chacun, il faudrait qu'elle s'intéresse non seulement au travail, mais au repos ; non seulement à l'activité, mais à la méditation ; non seulement au mental mais aussi au physique, à l'émotionnel, à l'affectif.

Vivre pour vivre

« *Il faudrait essayer d'être heureux, ne serait-ce que pour donner l'exemple* », écrit Prévert. Vous êtes en effet, vous les dirigeants, des images d'identification. Les salariés vont chercher à savoir qui vous êtes vraiment, comment vous vivez, si vous êtes fiables et si vous savez faire preuve de cohérence entre ce que vous pensez, dites et faites. Si vous n'êtes pas cohérents et si vous ne vous épanouissez pas dans votre travail, comment le demander aux autres ? Le chef d'entreprise doit assumer l'exemplarité. Plutôt que de faire des discours, il doit incarner le discours. Il n'a pas l'obligation d'être heureux. Mais il a l'obligation d'être en recherche vers le bien-être et de parler vrai. Parler vrai, ce n'est pas être transparent, ce n'est pas tout dire, c'est ne rien dire qui ne soit pas vrai.

Une des missions essentielles de ceux qui ont le pouvoir est d'aider les autres à se déployer, de leur donner un cadre qui favorise le mouvement constructif. Et pour cela, ils doivent aussi et de manière obstinée travailler à leur propre bonheur. Ils doivent être dans la boucle du vivre pour vivre : travailler pour vivre et vivre pour travailler, vivre pour aimer et aimer pour vivre. ■

Albert Jacquard, né à Lyon en 1925, a fait parallèlement des études de biologie et de génétique des populations. Expert en génétique auprès de l'OMS de 1973 à 1985, il enseigne cette discipline dans les universités de Genève et de Paris.

L'Explosion démographique, *Flammarion, 1994.*

J'accuse l'économie triomphante, *Calmann-Lévy, 1996.*

La Légende de demain, *Flammarion, 1997.*

Petite Philosophie à l'usage des non-philosophes, *Calmann-Lévy, 1997.*

À toi qui n'est pas encore né(e), *Calmann-Lévy, 2000.*

Le bonheur est dans le regard des autres

Entretien avec Albert Jacquard, généticien

Vous avez écrit dans Petite philosophie à l'usage des non-philosophes *: « Chacun a droit, non au bonheur, mais à une organisation collective qui ne mette pas d'obstacle à sa poursuite ». Quelle est, pour vous, l'importance du collectif dans la recherche du bonheur ?*

Quelle est la spécificité d'un être humain ? Pour moi, c'est la conscience, qui ne vient pas de notre nature, mais des autres. Ce qui est premier, ce n'est pas l'être humain, c'est la collectivité humaine. Si celle-ci m'avait refoulé, si elle ne m'avait pas accueilli, si on ne m'avait pas appelé Albert Jacquard, je ne serais pas devenu un homme. Je suis ce que j'ai rencontré. Ma vie est une série de rencontres. Tout le reste est anecdotique.

Au départ, cette collectivité humaine répond à des besoins matériels. Ma maman sert d'abord à me nourrir, elle m'allaite, j'en ai besoin pour survivre. Mais si ça s'arrête là, je ne suis rien de plus qu'un primate, voire qu'un amoncellement de cellules qui font leur métier métabolique. Puis cet apport de la communauté s'élargit à d'autres champs : maman devient quelqu'un en face de moi, j'ai besoin de son regard avant d'être capable de la moindre autonomie et l'amour apparaît, et puis papa et puis les frères et sœurs, les amis, la société…

L' « humanitude » nous vient des autres. Je ne suis pas le seul à penser cela. Pour Karl Marx, « *l'essence de l'humanité n'est pas dans chaque être humain, elle est dans la communauté humaine* ». « *Lorsque vous serez réunis en mon nom, je serai parmi vous* » a dit Jésus-Christ, ce qui signifie dans sa bouche : « *quand vous êtes en union, vous êtes ensemble plus que la somme de chacun pris individuellement* ».

À mon sens, c'est là qu'est l'humanité de l'homme et c'est dans la manière dont s'organisent les relations avec les autres qu'on peut trouver le bonheur ou, tout au moins, contribuer à ce qu'il n'y ait pas trop de malheur.

Sinon, on ne peut parler que de satisfaction. Je suis content quand je suis repu. Il est vrai qu'il est difficile d'être heureux quand on a vraiment l'estomac vide, mais le remplir n'est pas suffisant.

Y a-t-il un gène du bonheur, des individus ou des peuples qui soient biologiquement plus aptes au bonheur ?

La satisfaction des besoins est d'ordre biologique. J'ai des métabolismes qui disent « *j'ai faim* ». Je mange. Je suis content. Mais ce n'est pas du bonheur. Je ne crois pas au gène du bonheur. Que sait faire un gène ? Il sait mettre en place des protéines qui participent à des métabolismes, à des régulations. Si on sécrète beaucoup d'adrénaline, on sera enclin à se mettre en colère à la moindre occasion. C'est génétique. Mais, en même temps, on sait que l'on est en colère et ça change tout. On peut maîtriser sa colère, la provoquer, l'utiliser... Dès que nous sommes dans l'ordre du comportement, l'enchevêtrement des causes devient complexe et cela échappe aux gènes.

C'est toute l'aventure personnelle. Les gènes interviennent toujours mais on fait une erreur logique quand on ramène un événement à une seule cause, à « sa » cause. Face à la complexité, notre société à tendance à se replier sur des explications unidimensionnelles. Notre bonheur ou notre malheur dépendent d'une multiplicité de causes et de leurs interactions.

Pour cette raison, je dirais volontiers, en revanche, qu'il peut y avoir des peuples culturellement plus aptes au bonheur. Quand j'étais chez les Bassari du Sénégal, ils avaient l'air heureux. Tous les animistes que j'ai rencontrés ont l'air heureux. Tout s'explique par les esprits, le moindre caillou est un esprit. S'il est là, c'est qu'il a une raison d'être là selon l'ordre de la nature et cela semble produire une sorte d'harmonie, d'équilibre qu'on peut appeler bonheur. En tant que scientifique, je ne marche pas car je ne peux pas voir la nature comme eux. Mais je suis marqué par un souvenir. Ce groupe de 700 à 800 personnes a un « pape » qui, tous les lundis matin, monte sur sa colline et reçoit les gens qui ont des problèmes avec les esprits. Une femme française, spécialiste des Bassari, est venue le voir un jour pour lui demander comment allait son fils resté à Paris et malade. Il lui a répondu : « *il va bien* », et j'ai vu son visage s'apaiser. Son fils se portait effectivement bien mais c'est le fait que cet homme le lui dise qui lui a fait du bien à elle. Nous revenons encore, avec l'exemple de ce peuple, à la question de la relation à l'autre, à la manière dont chacun se construit par rapport à la communauté.

Est-ce que l'entreprise, en tant que communauté humaine, peut aider au bonheur ?

Il y a donc la famille, il y a la tribu, le clan. Et nous, Occidentaux, nous avons inventé l'entreprise. Au départ, comme la famille, elle est nécessaire pour fabriquer, pour produire plus afin d'assurer la survie. Mais peu à peu, il faut que cette finalité de l'entreprise s'amenuise et devienne secondaire par rapport à la finalité permanente de toute association humaine qui est la rencontre, et le bonheur au travers de la rencontre. C'est vrai de l'entreprise, de la région, de la nation, de l'humanité tout entière dont l'objectif ne doit pas être seulement la survie ou la satisfaction des besoins mais l'organisation des rencontres humaines.

L'autre jour, j'ai été invité à faire une intervention devant 150 cadres supérieurs, par le patron du service de création d'un grand constructeur automobile. Je leur ai dit : « *Ce matin, quand vous vous êtes levés tôt pour venir au bureau, aviez-vous l'espoir de produire une voiture supplémentaire, qui séduira le client, ou l'espoir de vous retrouver avec d'autres personnes, de faire des bonnes rencontres ?* ». Le patron a répondu : « *Évidemment, c'est très bien de produire des voitures, mais ce n'est pas l'essentiel* ». Il exprimait cette idée très forte que, plus les gens de cette entreprise seront heureux de se rencontrer et de travailler ensemble, plus ils seront capables de voir ce qui rendra leurs voitures meilleures. J'aimerais que l'on mette comme finalité première la rencontre et comme conséquence secondaire la production des voitures. Le sous-produit d'une entreprise, ce sont les objets qu'elle fabrique ou les services qu'elle rend mais son premier produit, ce sont des hommes.

Mais sans le profit, l'entreprise meurt...

C'est là qu'il y a un détournement de finalité épouvantable. À l'origine, les hommes se sont associés dans des entreprises pour produire en quantité suffisante et mieux répondre aux besoins essentiels. Aujourd'hui, il ne s'agit plus que de durer et de croître indéfiniment en créant toujours de nouveaux besoins. Si l'entreprise ne grandit pas, elle meurt, pense-t-on. Mais si elle grandit, elle meurt encore plus vite et entraîne la mort de toutes les autres car la croissance est une absurdité insupportable sur une terre limitée dans un monde fini. Toute participation à la croissance est un crime contre l'humanité. Quand tel patron d'une compagnie pétrolière dit qu'il a produit 10 ou 20 % de pétrole de plus que l'an dernier, je suis obligé de dire que c'est un menteur : il n'a pas produit, il a détruit. C'est à cause de ce désir de croissance, pour éviter la mort, que, peut-être, on oublie le bonheur. Le bonheur n'est pas dans la croissance, il est dans l'intensité des échanges !

Nous sommes donc responsables de notre bonheur ?

Nous sommes responsables des liens que nous tissons avec les autres. Et quand il y a des liens, il y a du bonheur. Mais cela veut dire en même temps qu'il faut être au moins deux pour être heureux. Je n'existe que par rapport à d'autres. Ramené à moi seul, je ne suis plus rien. Sans un lien, je ne suis même pas dans mon intelligence. C'est pourquoi je ne crois guère à une recherche individuelle du bonheur par la connaissance de soi, je ne crois pas à la félicité de l'ermite.

On me rappelle souvent cette phrase que j'ai écrite : « *le bonheur, c'est de se sentir beau dans le regard des autres* ». Elle m'a été inspirée par une expérience que j'ai vécue à La Courneuve. Dans un atelier d'écriture, un gamin timide et toujours un peu à l'écart a sorti un jour une phrase inattendue et magnifique sur le Big Bang et je l'ai vu soudain s'illuminer sous le regard de ses camarades qui s'intéressaient enfin à lui. Dans l'entreprise, c'est pareil, on aime se sentir beau dans le regard des collègues, du chef. Et lui aussi, s'il arrive à être beau dans le regard des autres, il sera heureux.

Peut-être faut-il avoir connu le malheur pour savoir ce qu'est le bonheur. À la fin de ma vie, je sais que ce qui m'a fait, c'est aussi ce qui m'a fait mal. À 9 ans, j'ai eu un très grave accident. J'ai été inscrit sur la liste des morts. J'ai été défiguré. J'ai eu de grandes difficultés à m'en remettre pendant très longtemps. Très, très longtemps. Finalement ça m'a construit. On commence à être un homme à 76 ans. ■

AN
ensemble
partager
NC
l'amour
CE

Deuxième partie

Le bonheur, comment le vivre dans l'entreprise ?

Extraits de nos discussions

Nous passons dans l'entreprise une part importante de notre temps. Donc de notre vie. Nous y vivons parfois des moments heureux et d'autres dans la souffrance, car l'entreprise est un système qui s'appuie aussi sur les ressorts du pouvoir et de la compétition. C'est un lieu de contraintes et de pressions fortes.

C'est pourquoi, pour beaucoup, bonheur et entreprise sont deux termes qui ont peu à voir l'un avec l'autre et il serait même dangereux pour l'entreprise de lui demander de se préoccuper du bonheur de ceux qui la font vivre. Est-ce à dire que l'entreprise est structurellement pathogène ? Ou est-ce seulement l'usage que l'on en fait ? Faut-il mettre en cause le système ou nos comportements ? Ou les deux ? Plus globalement n'est-ce pas notre relation à nous-mêmes et aux autres dans notre vie professionnelle qui devrait évoluer vers plus de bonheur ?

Des nombreux échanges passionnés que nous avons eus sur ces questions complexes, nous avons extrait quelques propos. Des bribes de discussions pour poursuivre ou amorcer la réflexion, ouvrir des pistes, donner peut-être un autre éclairage... Le débat en tout cas est ouvert !

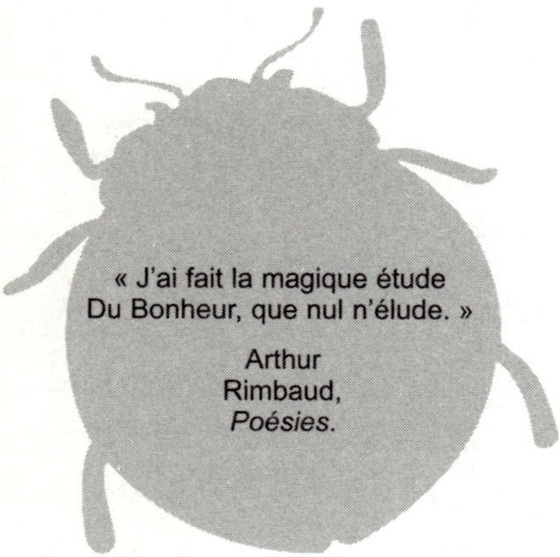

« J'ai fait la magique étude
Du Bonheur, que nul n'élude. »

Arthur
Rimbaud,
Poésies.

Bonheur, entreprise et pouvoir

L'activité d'une entreprise découle d'une suite de décisions et d'arbitrages. Certains jouissent de ce pouvoir, d'autres le subissent. La quête du pouvoir, qui est un moteur puissant, est-elle compatible avec celle du bonheur ?

Si rechercher le pouvoir, c'est chercher à avoir prise sur les événements pour les influencer dans le sens que l'on croit bon, en tenant compte de l'avis de ceux qui nous entourent, plutôt que subir les situations, alors la recherche du pouvoir est noble et tout à fait compatible avec le bonheur des hommes.

Joël de Rosnay donne cette définition du pouvoir : « *c'est la capacité à déclencher la puissance* ». La question est donc de savoir quel type de puissance on souhaite mettre en œuvre dans l'entreprise, comment éviter les dérives et maîtriser cette puissance. Pour moi, l'ennemi du bonheur dans l'entreprise n'est pas le pouvoir mais la violence de certaines formes de pouvoir ou d'abus de pouvoir.

Le plaisir que l'on trouve dans le pouvoir, dans l'ascendant que l'on exerce sur les autres, n'est que l'assouvissement de l'ego : tout pour moi, rien pour les autres.

Le pouvoir est souvent une protection par rapport à l'incertitude, une volonté de maîtrise selon ses propres critères qui ne permet aux autres d'exister qu'en tant qu'assujettis.

Je crois que l'entrepreneur « tueur » qui éprouve un plaisir intense à dominer ses employés, à écraser ses concurrents, est très loin du bonheur. Sans doute cherche-t-il à échapper à sa propre souffrance.

Un pouvoir compatible avec le bonheur serait :

- circonstanciel (juste nécessaire) ;
- qui accepte la remise en cause ;
- plutôt basé sur le désir d'œuvre et l'enthousiasme que sur la crainte et la cupidité ;
- inspiré par le souci d'apprendre à être des utilisateurs loyaux les uns des autres ;
- visant à créer un réseau d'échanges réciproque et équilibré pour réussir et faire réussir ;
- bordé par le respect de l'autre.

« En fait, l'incompréhension de soi est une source très importante de l'incompréhension d'autrui. On se masque à soi-même ses carences et ses faiblesses, ce qui rend impitoyable pour les carences et les faiblesses d'autrui. »

Edgar Morin,
Les sept savoirs nécessaires à l'éducation du futur.

Bonheur, entreprise et compétition

Pour réussir au sein de l'entreprise, chacun doit donner le meilleur de lui-même, mais aussi lutter et conquérir. Les termes guerriers sont devenus la norme et reflètent une certaine violence. Peut-on être compétitif de la sorte et vouloir en même temps le bonheur ?

La compétition est une bonne chose, il ne faut pas en avoir peur. C'est ce qui nous fait évoluer, nous oblige à nous dépasser, à créer notre plus belle œuvre d'art. Cependant, la compétition ne doit pas exclure, elle ne doit pas isoler, elle ne doit pas détruire. Car à force de vaincre les autres, on finit par se retrouver en situation de monopole et le monopole, c'est la mort assurée à plus ou moins long terme.

La compétition ne peut être une finalité. C'est au mieux un stimulant puissant pour progresser.

Il y a deux écueils majeurs à un système uniquement fondé sur la compétition. Le premier, c'est la dérive qui fait passer de l'envie d'être meilleur, voire le meilleur, au besoin d'être le premier, à n'importe quel prix. Le deuxième, c'est que le jeu compétitif prenne toute la place et ne permette pas l'émergence de projets centrés sur le travail et l'amour, les deux choses principales de notre vie.

La compétition est sans aucun doute non seulement compatible avec l'épanouissement des individus, mais elle en est un moteur puissant. Il suffit de regarder le regard rayonnant des champions olympiques ou de ses propres enfants après un examen réussi. Dans l'entreprise, le sentiment partagé d'une équipe qui a travaillé dur et qui obtient une commande importante dans des conditions de concurrence difficile en est également un exemple significatif. Ce qui réunit ces trois scénarios, c'est bien sûr le succès, mais c'est aussi le plaisir d'être allé au bout de soi-même et de l'avoir fait en équipe.

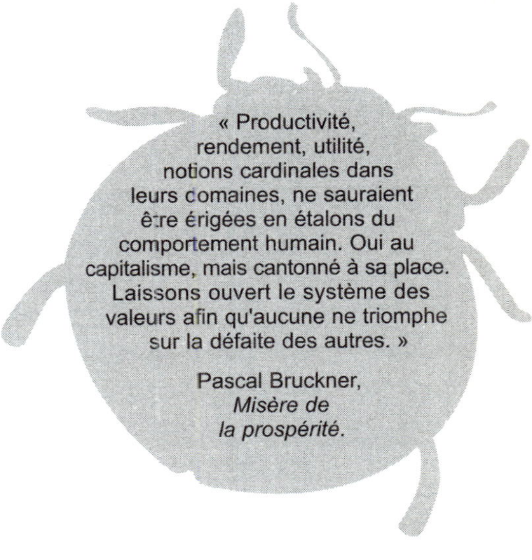

« Productivité, rendement, utilité, notions cardinales dans leurs domaines, ne sauraient être érigées en étalons du comportement humain. Oui au capitalisme, mais cantonné à sa place. Laissons ouvert le système des valeurs afin qu'aucune ne triomphe sur la défaite des autres. »

Pascal Bruckner, *Misère de la prospérité*.

Bonheur, entreprise et argent

« Le but de l'entreprise ce n'est pas de faire le bonheur mais du profit », *voilà qui est communément admis. L'argent est un appât si puissant qu'il semble être l'unique centre d'intérêt, reléguant le bien-être des personnes au second plan. Quand l'argent domine à ce point la destinée de l'entreprise, que reste-t-il pour le bonheur ?*

« *Le profit est à l'entreprise ce que la respiration est aux êtres vivants ; il est absolument indispensable, mais ça ne peut être son but !* » disait Didier Livio, ancien président national du CJD. Mais alors quel est le but de l'entreprise ? Sans doute, créer du lien entre les personnes et contribuer au développement harmonieux de son environnement.

La performance économique d'une entreprise doit être traitée sérieusement, mais en tout état de cause, ce n'est pas suffisant. L'entreprise n'est pas constituée que de mercenaires. Elle est un lieu d'échanges où devraient s'articuler projets individuels et collectifs dans un projet commun.

Contrairement à la phrase de Coluche sur les chômeurs « *du travail, du travail... mais de l'argent leur suffirait !* », je ne pense pas que l'argent suffise au bonheur. J'ai souvent constaté que l'attachement au salaire correspondait à un repli, à un renoncement. Je préfère croire comme Saint-Exupéry que « *la seule richesse est celle de nos rencontres* ».

Il y a quelques années dans une grande entreprise, j'ai eu un patron qui m'avait dit : « *le jour où nous parlerons salaire, nous nous séparerons* ». J'avais assez mal

pris cette déclaration, l'interprétant comme un refus de dialogue. Après avoir appris à le connaître, j'ai compris : cela voulait dire que si je devais aborder la question de ma rémunération avec lui, c'est qu'il n'aurait pas fait son boulot et que la relation se serait asséchée. Pour lui l'argent était en quelque sorte un indicateur de la qualité de la relation.
À méditer.

Je suis très intéressé par l'approche de Roland Guinchard, psychanalyste et coach. L'engagement et l'implication dans l'entreprise sont, pour lui, à relier à un authentique désir de travail, un « désir d'œuvre » qui fait que chacun d'entre nous investit plus, y compris affectivement, que s'il ne s'agissait que de répondre à une demande sociale, ou d'accéder à la consommation.

« Qui dépend des richesses craint pour elles ; or personne ne jouit d'un bien qui l'inquiète. Il s'applique à y ajouter quelque chose. Pendant qu'il pense à les accroître, il a oublié de s'en servir. Il reçoit les comptes, use le pavé du forum, feuillette son échéancier : de maître, il devient gérant. »

Sénèque, *14e lettre à Lucilius.*

Bonheur, entreprise et complexité

Comment être heureux dans l'entreprise alors que l'on a l'impression de maîtriser de moins en moins de choses et d'avoir de moins en moins de prise sur les décisions ?

L'erreur, c'est de chercher à maîtriser. Il n'y a rien à maîtriser, c'est un leurre. Non seulement c'est inefficace, mais c'est un splendide instrument de torture, car on est sûr de ne pas réussir.

La complexité est une opportunité formidable pour le bonheur car elle multiplie les possibilités. La complexité, c'est implicitement la reconnaissance de la diversité et de la différence. Cela offre une multitude de solutions pour faire évoluer les choses, car les équilibres sont plus subtils que dans des systèmes simples.

« *Il n'y a pas de vent favorable pour celui qui ne sait où il va* », dit Sénèque. Ce sentiment de complexité croissante est en fait notre prise de conscience que le flux d'informations et de connaissances auquel nous accédons est immense et interroge le sens de notre action. Que faire de tout cela ?

Sortir de la complexité, c'est redevenir sujet, approfondir son désir, le confronter au réel avec courage et mener sa barque avec « *la passion pour voile et la raison pour gouvernail* », selon la belle formule de Khalil Gibran.

Dans ma société, qui fabrique des produits high-tech, je suis moins compétent que chacun des employés. Cela force à l'humilité et oblige à créer ce climat de convivialité et de respect mutuel sans lequel il serait impossible de réussir ensemble. Oui, la complexité rend humble.

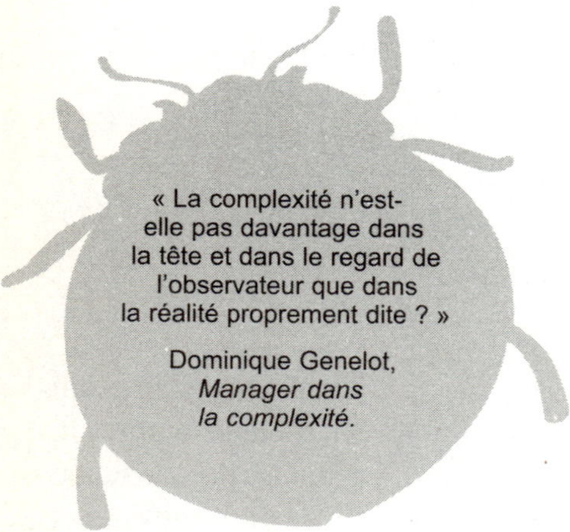

« La complexité n'est-elle pas davantage dans la tête et dans le regard de l'observateur que dans la réalité proprement dite ? »

Dominique Genelot,
Manager dans la complexité.

Bonheur, entreprise et temps

Nous passons notre vie à courir après le temps, il nous manque toujours. Et dans l'entreprise, la tendance consiste à en faire toujours plus dans un temps de plus en plus court. Ce temps passé dans l'entreprise peut-il être un temps de construction du bonheur ?

L'idée n'est pas de travailler moins ou plus, mais de travailler juste. Quand on aime ce qu'on fait, qu'on ressent une certaine joie de créer, il n'est pas scandaleux de travailler tard et longtemps. Pour moi, ce n'est pas soit la famille, soit l'entreprise. Il faut chercher à chaque moment, le bon équilibre, le bon rapport.

À un moment de ma vie, comme beaucoup de responsables, je me consacrais entièrement au travail et le reste passait au second plan. Un jour ma femme m'a dit – heureusement à titre préventif : « *C'est insupportable de vivre avec toi* ». Mon comportement a changé et je pense que l'entreprise n'en a pas souffert. Je suis en train de découvrir qu'un autre mode de vie est possible, qui ne nuit pas à mon travail.

Le mal-être naît quand on n'a plus le temps d'échanger sur son travail, sur ce qu'il apporte comme avantage, mais aussi comme difficulté, quand on ne comprend plus le point de vue de l'autre parce qu'on n'a plus le temps de l'écouter. À ce moment-là, on va droit dans le mur.

Des délais toujours plus courts, des prix serrés, de plus en plus de réactivité : il y a deux manières de réagir à ces contraintes. La première, qui a longtemps été la mienne, c'est de les subir et finalement de les reporter sur les collaborateurs, jusqu'à créer du malheur. Aujourd'hui, j'essaie de transformer la pression en défi collectif et de mobiliser mes collaborateurs sur ces projets dont la réussite va générer de la satisfaction et peut-être, pourquoi pas, un peu de bonheur.

« Que chacun examine ses pensées, il les trouvera toutes occupées au passé et à l'avenir. [...] Le présent n'est jamais notre fin : le passé et le présent sont nos moyens ; le seul avenir est notre fin. Ainsi nous ne vivons jamais, mais nous espérons de vivre ; et, nous disposant toujours à être heureux, il est inévitable que nous ne le soyons jamais. »

Blaise Pascal, *Pensées.*

Bonheur, croyances et représentations

L'entreprise est un lieu où nous sommes censés être performants, efficaces, productifs, rationnels. Or nous n'y arrivons pas toujours. Se créent alors des tensions fortes qui peuvent générer des souffrances. Ne peut-on pas sortir de ces schémas et introduire dans l'entreprise un peu plus d'humanité, y compris nos fragilités, nos émotions, et notre affectivité ?

Le plus important est de pouvoir investir l'essentiel de son potentiel sans avoir constamment à porter un masque (fût-il celui de l'invincibilité), sans se sentir mutilé d'une partie de soi-même. Le risque d'une entreprise qui n'entend pas cela est de conserver des collaborateurs qui acceptent de « *subir pour avoir* » et qui investissent ailleurs leur capacité à être et à créer.

Dès que l'on est plongé dans la vie d'une entreprise, on s'aperçoit de la grande part d'irrationnel qui colore les décisions et les comportements. Il paraît donc plus sain dans un premier temps de reconnaître cette réalité et de sortir du fantasme de l'entreprise des « surhommes ».

Il s'agit d'être conscient des aspirations contradictoires et variées de ses collaborateurs, de ses propres envies, mais non de chercher à les satisfaire toutes. Il n'est pas question de tout vivre dans l'entreprise.

Un de mes collaborateurs a fait preuve lors de son entretien d'évaluation d'une sincérité bouleversante, annonçant qu'il démissionnait faute de pouvoir assurer sa fonction. Profondément touchée, j'ai souhaité le rencontrer à l'extérieur de l'entreprise et lui faire part de la grande estime que j'avais pour l'homme qu'il était et ses valeurs. Et finalement, il est resté, à un autre poste. J'ai pu témoigner de ma sensibilité sans entacher mon image sociale et au profit de chacun.

Une croyance est un présupposé dont la vie nous a amené à penser que c'était vrai. Et nous avons donc tendance à ne prendre en considération que les éléments qui vont la vérifier et la conforter. Nous avons besoin de changer de lunettes pour faire varier notre point de vue, pour percevoir d'autres réalités. S'intéresser au bonheur dans l'entreprise, c'est aussi chausser des lunettes différentes.

Bonheur, entreprise et échec

Perdre un marché, rater une fusion, licencier des collaborateurs... La vie de l'entreprise est aussi faite d'une succession d'échecs douloureux. Peut-on bien vivre dans cet environnement de crise ?

Quand la crise survient, c'est un choc, souvent source de culpabilisation et de rancœurs pour tous. Mais c'est aussi une occasion rare de remise en cause et de maturation : prise de conscience, sortie de la routine, cohésion des équipes… Au bout du compte, un échec peut devenir une chance.

L'échec est un indicateur qui amène à réfléchir. Mais souvent, il faut que les signaux soient particulièrement forts – parfois jusqu'à une grande souffrance : rupture, maladie – pour que l'on réagisse. Notre corps nous parle constamment mais nous ne l'écoutons pas. Notre environnement nous parle et nous ne l'écoutons pas.

Méfions-nous des paillettes de la réussite. Seul le temps permet peu à peu de distinguer ce qui était échec ou victoire, ce qui importait et ce qui était superficiel, pour soi et non pas aux yeux des autres.

Au regard du bonheur, l'échec serait peut-être de renoncer à vivre sa recherche, de n'avoir pas pris de risque, de peur de l'échec justement. Le travail avec le GRES sur le bonheur et les rencontres qu'il a permises m'indiquent pourtant que le chemin est peut-être plus important que le but. L'échec, si échec il y a, serait de perdre le contact avec ce désir d'être authentique et de tout faire pour bien vivre, pour bien faire son métier d'homme.

Tout commence à partir du moment où on met le bonheur au centre de sa vie. Dès lors, on porte un autre regard sur l'argent, le pouvoir, le temps... Les échecs ne sont que des épreuves révélatrices, qui vont nous permettre d'approfondir notre construction personnelle.

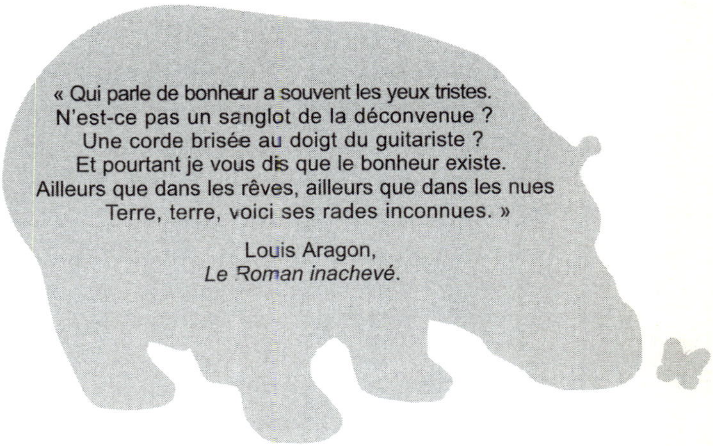

« Qui parle de bonheur a souvent les yeux tristes.
N'est-ce pas un sanglot de la déconvenue ?
Une corde brisée au doigt du guitariste ?
Et pourtant je vous dis que le bonheur existe.
Ailleurs que dans les rêves, ailleurs que dans les nues
Terre, terre, voici ses rades inconnues. »

Louis Aragon,
Le Roman inachevé.

Bonheur, entreprise et mort

L'une des responsabilités du dirigeant n'est-elle pas de pérenniser l'entreprise ? Derrière la rationalité économique, pourquoi vise-t-on pour l'entreprise une immortalité interdite à l'homme ? N'est-ce pas une illusion quand on sait que le bonheur passe en partie par l'acceptation de la finitude ?

La durée de vie d'une entreprise européenne (sans changement d'identité) est de 12 ans en moyenne, l'espérance de vie d'une femme est de 81 ans et celle d'un homme de 73 ans. Pour être direct et un rien provocateur : « *la pérennité de l'entreprise on s'en fout !* ».

La sécurité en termes de capacité de projets, de revenus, d'échanges sociaux est la véritable préoccupation durable.

Ne nous confondons pas avec l'entreprise. Elle ne nous appartient pas. Nous sommes trop souvent en fusion avec elle. Il nous faut apprendre à lâcher prise, à nous détacher et parfois à en faire le deuil.

Les dirigeants qui cherchent, à travers la pérennité de leur entreprise, l'immortalité, ont tendance à figer les choses, à pomper le sang de l'entreprise pour bâtir des sanctuaires. Les sièges sociaux prestigieux en sont une belle illustration.

L'entreprise joue avec la mort. Les mécanismes morbides sont à tous les étages, avec des supplices tous aussi jouissifs les uns que les autres : la mise au pilori de collaborateurs, les objectifs contradictoires, le dénigrement… La liste est longue, car depuis des siècles les jeux se sont perfectionnés.

Réfléchir sur la mort, c'est prendre conscience que « *demain est le premier jour de la vie qui me reste à vivre* ». Cette prise de conscience doit me stimuler pour ne pas gâcher ma vie, y compris en entreprise.

Quand se termine un grand projet, les personnes qui s'y sont fortement investies se retrouvent orphelines et souvent désemparées, voire déprimées. Dans mon entreprise, pour passer cette épreuve nous avons ritualisé la dernière réunion du groupe de travail afin que chacun puisse faire son deuil du projet, en vivant un moment convivial et fort durant lequel émotions et joie sont au rendez-vous. L'étape de deuil est une pratique importante sur le chemin du bonheur.

Bonheur, entreprise et corps

L'entreprise est-elle suffisamment attentive à notre bien-être physique et à notre environnement de travail ? Quelle place pour le corps dans un monde du travail de plus en plus cérébral ?

Soyons beaucoup plus vigilants sur l'état de santé de nos collaborateurs. La bonne santé est un signe du bien-être. Nous découvrons chaque jour l'importance des déclencheurs psychologiques dans la maladie. Cela change complètement la manière d'aborder les choses et la manière de se gérer. Les voies de progrès sont énormes.

Le problème c'est d'écouter le corps complètement, y compris dans ce qu'on n'a pas envie d'entendre.

On a souvent tendance à renforcer sa résistance au stress. Pourquoi ne pas, comme le préconise un médecin américain, abaisser au contraire son seuil de tolérance à la douleur, pour réagir avant d'être dans une impasse paralysante ? Chercher le bien-être, c'est d'abord être sensible au mal-être, le sien propre et celui des autres. C'est ne plus accepter l'inacceptable.

L'ergonomie ne peut pas être considérée comme un acquis dans l'entreprise d'aujourd'hui. C'est dommage ! Il y a certes des matériels ergonomiques mais pas de réelle recherche ergonomique du poste de travail dans sa globalité. Pourtant, être dans la situation corporelle la plus naturelle pour travailler permet d'être bien dans son corps et, par conséquent, plus efficace.

Corps et âme, nous sommes un tout. Arrêtons d'être dichotomiques et respectons-nous intégralement ! Mais soyons réalistes : si l'éveil du corps a sa place dans notre projet de vie global (sport, relaxation…), tout cela n'a objectivement guère à voir avec notre activité en entreprise. La position juste sur ce point me semble être de ne pas demander à l'entreprise plus qu'elle ne peut.

Le travail est une souffrance quand il ne permet pas de se réaliser soi-même.

Bonheur, entreprise et consommation

Auparavant, on travaillait pour produire des biens dont on avait besoin. Dorénavant pour pouvoir travailler, il nous faut consommer des biens dont on n'a pas forcément besoin. Vivons-nous essentiellement pour consommer ?

Refusons le toujours plus.
L'accumulation ne produit pas
le bonheur, elle nous encombre.

Je suis personnellement horrifié par l'accumulation des messages publicitaires qui prônent le gavage. La progression de l'obésité me semble symbolique de cette peur qui pousse à se protéger sous une couche de graisse, ou à gaver ses enfants, plutôt que de réussir à équilibrer le « *donner et recevoir* ».

J'en veux à un publicitaire célèbre en France qui, au lendemain du 11 septembre, trouvait un nouveau slogan pour légitimer la consommation : « *consommer est maintenant un acte citoyen !* ».

La frénésie d'activité ou de consommation n'est jamais que la fuite de soi-même. On quitte son véritable chez soi pour aller vers un soi idéalisé par la société.

Un spécialiste du marketing expliquait comment il traitait le problème de l'argent de poche pour ses enfants. Il leur disait : « *prenez ce dont vous avez besoin !* ». C'est cette réflexion sur ce dont on a vraiment besoin qui peut être la voie, y compris dans l'entreprise, vers une certaine maturité dans notre consommation et notre rapport à la richesse.

Même si on nous enseigne que le consommateur ne revient jamais en arrière, l'avenir ne peut conduire qu'à plus de frugalité. La question est : comment développer nos entreprises en élargissant les marchés, et non pas en proposant à un nombre restreint de super consommateurs de consommer toujours plus.

Je suis persuadé que l'avenir est à la sobriété et que l'accumulation de biens dans la perspective d'une retraite que l'on n'atteindra peut-être jamais n'est pas la voie du bonheur.

La responsabilité du dirigeant dans le bonheur des autres

Le dirigeant doit-il se préoccuper du bonheur de ses collaborateurs ? Est-ce dangereux ou salutaire ?

« *Appelez-moi Dieu !* ». Il y a un risque de position intenable et énervante du dirigeant qui pense pouvoir assurer le bonheur ou le malheur des gens. On est vite dans un délire infantilisant de toute-puissance. Que le chef d'entreprise travaille à son propre bonheur et il aura suffisamment de boulot… Qu'il accepte que le bonheur des autres lui échappe ! Sur ce terrain, l'aveu de son impuissance est l'un des plus sûrs gages d'efficacité.

On a parfois le sentiment que les dirigeants sont de brillants cerveaux, mais qui sont restés des enfants fascinés par la toute-puissance. La maîtrise étant imparfaite (licenciements, pollution, accidents…), les dirigeants sont alors victimes de ce piédestal artificiel, cette posture héroïque de l'entrepreneur, seul créateur d'emplois et de richesses.

Je me suis longtemps, à tort, senti responsable de mes collaborateurs, en charge d'assurer leur développement personnel et leur succès. Je sais aujourd'hui qu'on n'est pas responsable des autres, seulement de notre relation aux autres.

La voie juste pour le dirigeant me semble celle qui consiste à s'attaquer, dans l'entreprise, à tout ce qui entrave le bonheur au travail. Si l'on faisait la chasse aux petits chefs, aux plaintifs, aux dénigrements, le bonheur au travail y gagnerait beaucoup…

Je ne sais pas dire encore si le dirigeant est fondé ou pas à parler de bonheur dans l'entreprise, mais ce dont je suis sûr, c'est que réfléchir à ce que bonheur veut dire est un exercice réellement salutaire. J'y encouragerais tous ceux qui me le demanderont, surtout s'ils exercent des responsabilités.

Il ne faut pas avoir peur de parler du bonheur dans l'entreprise. On peut créer un groupe d'échange de façon à ce que toute l'équipe, et pas seulement le chef d'entreprise, puisse y réfléchir. Il s'agit seulement de semer des graines, en espérant qu'elles vont germer.

N'est-il pas temps de commencer à poser des actes qui concrétisent ces réflexions sur le bonheur ? J'ai envie d'expérimenter cette idée : être heureux dans l'entreprise. Le champ des possibles est ouvert. Tout est à inventer dans ce nouveau monde. Va-t-on encore se mettre des freins, se retrancher dans la peur ? Ou aller de l'avant ? Nous sommes des entrepreneurs !

Le passage

Histoire vécue par l'un
des membres du GRES

J'ai envie de raconter l'histoire de la création et des premières années de mon entreprise pour illustrer de manière concrète l'apport de notre travail en commun dans le cadre du GRES, de nos échanges et de nos réflexions.

J'ai créé cette entreprise avec un associé, il y a sept ans. Le démarrage fut facile mais rapidement pourtant, j'ai perçu que les choses seraient plus difficiles que prévu : mon associé ne semblait pas totalement épanoui ni satisfait par son travail, en particulier par sa dimension commerciale, et ce n'était pas sans répercussions sur notre activité.

L'homme de FER

Mon premier réflexe a été de compenser la baisse du chiffre d'affaires par un surinvestissement dans le travail et la réduction de mon salaire. Ce dernier point fut difficile à accepter car mes enfants commençaient leurs études supérieures et je voulais les financer complètement.

Dans la frustration, je me mis à sur-valoriser le FAIRE et à devenir un véritable homme de FER, avec tout ce que cela peut avoir de rigidité, d'écoute sélective et d'anesthésie des sens. Cela m'était indispensable pour tenir dans cette situation que je vivais comme un échec personnel. En effet, je considérais à l'époque que je m'étais trompé de personne… moi qui avais fait des années de recrutement !

Mais cette armure avait un prix : des maux de dos incessants, une incapacité de se réjouir de la vie et une forte tendance à focaliser mon attention sur la souffrance. Le travail avait forcément quelque chose d'amputant, ça me paraissait normal, c'était le prix à payer.

Le temps de la réflexion

Au bout de trois ans et demi, j'eus la conviction que cette situation ne pouvait plus durer, que malgré nos efforts à l'un et à l'autre, nous étions dans une impasse. J'ai senti qu'il me fallait envisager les choses différemment et rompre cette association non-heureuse. Je commençais à percevoir que le travail et la création d'entreprise n'étaient pas obligatoirement synonyme de souffrance, que cela pouvait être autre chose, quelque chose de joyeux et de léger. Sans doute, le virus du bonheur inoculé par les membres du GRES, « *à l'insu de mon plein gré* », faisait-il lentement son travail.

La décision prise, j'eus pourtant une approche encore très technicienne et rationnelle, du type « *démonstration dont la logique serrée ne permet pas la discussion* ». Cette rationalisation cachait plusieurs choses, dont j'étais plus ou moins conscient :

- Quand on parle de technique, on esquive la relation. C'est une manière de prendre le pouvoir et de réduire l'autre à l'état d'objet.

- La tentation de punir l'autre. Il fallait bien que l'autre paie, puisqu'à mes yeux, il avait échoué, m'avait empêché de réaliser mon rêve et de me rémunérer normalement. La tentation était d'autant plus forte qu'elle me permettait de me dédouaner de mes propres erreurs.
- La peur de mon incapacité à gérer correctement la situation.
- La tentation de faire mourir la société au cas où les discussions se passeraient mal.

Une position juste

Heureusement, fort de mes échanges avec le GRES sur le thème du bonheur, j'ai veillé à rechercher une position juste, à rester à l'écoute de moi-même, à prendre de la distance par rapport aux avis qu'on me donnait, à trouver mes propres réponses.

À partir de là, nous avons pu travailler dans une perspective plus ouverte, plus positive, en donnant du temps à l'échange et en essayant de concilier trois dimensions :

- Faire de cette séparation l'occasion d'un nouveau départ pour chacun.

- Préserver les équilibres économiques de l'entreprise.
- Ne rien accepter sans avoir le sentiment d'être parfaitement en phase.

Ce qui a sans doute permis d'éviter pas mal d'écueils, c'est la volonté de préserver la relation et l'estime réciproque. Au bout du compte, peut-on parler de bonheur ? Je n'en sais rien.

Mais ce dont je suis sûr, c'est que la rencontre avec mon associé m'a permis de faire un passage. Je suis sorti de mes schémas mentaux sensiblement teintés de souffrance, de devoir, de punition, de maîtrise, pour comprendre que même si les choses ne se passent pas comme prévu, même si aucune issue ne paraît bonne, on peut toujours travailler et aboutir à un scénario heureux. Il suffit de changer d'optique, de s'ouvrir à ces solutions positives, de laisser passer les bonnes choses…

J'ai eu à cœur de vous raconter rapidement et maladroitement cette petite histoire, car j'ai l'impression qu'elle illustre bien le cheminement de celui qui se pose la question du bonheur. ■

Le bonheur
ES
FORCE
SP
MARSEILLE
Le Bonheur

Troisième partie

Le bonheur, au centre du management de demain ?

Réfléchir au bonheur en l'associant à l'entreprise s'inscrit dans une évolution longue et complexe du management des hommes et marque aujourd'hui un tournant historique.

En effet, la question du bonheur est significative d'un besoin d'accomplissement de soi appelé à s'exprimer de plus en plus fort dans nos entreprises. Ne pas entendre cette demande reviendrait à ignorer ce qui est essentiel dans la vie des hommes. Ne pas la prendre en compte serait passer à côté d'une opportunité de management.

Si la question posée à l'entreprise paraît osée, elle devrait pour le moins amener celle-ci à s'interroger sur la finalité et le sens du progrès économique qu'elle poursuit. Faut-il indéfiniment accroître nos richesses au risque de détruire la planète ? Jusqu'où pousser le productivisme au risque de détruire nos santés ?

La recherche du bonheur rejoint ce qui est de l'ordre de la philosophie, du bon sens et de la sagesse dont devrait être investi tout dirigeant. Nous croyons que sans ce type de réflexion, il n'y a pas de véritable remise en cause possible, ni d'espoir de changer certains comportements destructeurs, contraires à l'idée même de bonheur.

Cette troisième partie est une invitation à faire les premiers pas vers cette réflexion.

Vers la prise en compte de l'individu total

Cette vision historique et personnelle
(p. 126 à p. 132)
est proposée par Octave Gélinier,
ingénieur-économiste, spécialiste
des systèmes de management.

Viser à améliorer la condition humaine va dans le sens de l'histoire, et associer bonheur et entreprise s'inscrit naturellement dans cette évolution. On peut, d'une manière schématique, distinguer quatre grandes périodes du management des hommes, aboutissant à la cinquième dans laquelle nous entrons.

Esclavage et management par le fouet

L'organisation productrice de tous les peuples, depuis le néolithique, est fondée sur l'esclavage. En l'absence de la notion de la dignité humaine, l'esclave est traité comme un bétail, que l'on soigne quand il est utile et que l'on peut abattre s'il déplaît. Notons que les continents sont encore jonchés de ce qui subsiste, après des millénaires, des splendeurs artistiques édifiées sous ce régime impitoyable, dont le christianisme allait ronger les fondements.

Corporatisme et humanisme statique

Après la chute de Rome, une lente érosion du servage aboutit progressivement, à partir de l'an mil, à une organisation corporatiste de la production. Cette organisation développe une éthique marchande pour les relations entre patrons. Elle tente d'éduquer et de protéger le compagnon qui peut éprouver un certain bonheur à exercer son métier. Plus tard, elle tentera aussi de protéger le client par des normes de qualité et de juste prix, mais ceci à travers des règles qui limitent la concurrence et l'innovation. Cette organisation a produit notamment les cathédrales et les chefs-d'œuvre de l'artisanat. Son déclin s'achève avec la Révolution française et la révolution industrielle.

Taylorisme et management centralisé par le chiffre

Le progrès des techniques (machine à vapeur…), dans un espace concurrentiel libéré des douanes intérieures et du corporatisme (loi Le Chapelier), permet la révolution industrielle qui va progresser au cours du XIXe siècle. Avec Frederick Taylor, le nouveau modèle d'organisation scientifique du travail prend forme et domine approximativement de 1900 à 1965. Il s'agit d'un management « scientifique », fondé sur la mesure chiffrée de ce qui est quantifiable (les temps et les coûts) et la définition écrite des autres éléments (nomenclatures, gammes d'opération, descriptions de tâches...). La motivation au travail n'est pas le bonheur mais l'argent, qui y contribue concrètement : la productivité élève si bien le niveau de vie que chaque ouvrier de Ford pourra rouler en voiture. Évolutif et innovant, ce modèle ignore toutefois certaines attentes humaines qui s'amplifient.

Management intégrant le facteur humain

Des facteurs externes, tels que les pressions sociales et politiques ou l'élévation du niveau de vie et d'éducation, ainsi que la constatation interne qu'un bon climat favorise la productivité, ont conduit à une meilleure prise en compte du facteur humain dans le management. On constate qu'un bon climat humain ne répond pas seulement à l'impératif de productivité, mais aussi aux besoins de plus en plus affirmés de changer, d'innover et donc d'évoluer. En France, à partir de 1965, le taylorisme s'enrichit de ce facteur humain, intégrant notamment les pratiques de formation, de délégation, de participation, de décentralisation, d'encouragement à l'esprit d'équipe, de motivation par l'argent ET la promotion. Ce modèle mixte, proposant de réelles satisfactions dans un cadre encore largement taylorien, a été vecteur de progrès économique et social pendant une trentaine d'années, jusqu'aux environs de 1995 où apparaissent de nouveaux facteurs.

Management postmoderne intégrant l'individu total

La mise en question du modèle précédent est entraînée, depuis 1995 pour la France, par la conjonction de différents facteurs, principalement externes à l'entreprise :

- élévation du niveau de vie et d'éducation, ren-

dant dominantes les valeurs d'une certaine élite ;
- individualisme postmoderne : tendance à se dégager des règles ;
- mondialisation : marchés financiers, nouvelles technologies de l'information et de la communication… ;
- amplification des catastrophes humaines et écologiques dont la médiatisation provoque une vue pessimiste de l'avenir.

Une des conséquences de l'individualisme croissant est la disqualification des structures et des préceptes politiques, religieux, hiérarchiques et idéologiques ; ce qui fait dire au sociologue Gilles Lipovetsky que « *paradoxalement, l'empire de la consommation et de la communication de masse débouche sur un individu désinstitutionnalisé et optionnel, revendiquant sur tous les plans le droit de se diriger lui-même* »[1].

Cette souveraineté du moi n'inspire pas seulement des conduites égoïstes. Dans la société développée, consciente de sa richesse, les lea-

1. *Métamorphoses de la culture libérale : éthique, médias, entreprise*, Montréal, Liber, 2002.

ders d'opinion mettent l'accent, au-delà des biens matériels que l'on possède, sur les besoins d'accomplissement caractéristiques du sommet de la pyramide de Maslow :

- accomplissement pour soi : culture, santé, maîtrise de soi pour un bonheur intime ;
- solidarité avec les autres qui s'étend à l'humanité au travers de mille formes d'actions caritatives et bénévoles.

Répondant à une bonne partie de ces nouveaux besoins qualitatifs et immatériels, on voit se développer des démarches, tel le développement durable, qui instrumentalisent la satisfaction et l'intègrent dans le management. L'entreprise qui assume, en matière de développement durable et d'éthique, des avancées validées sans compromettre sa rentabilité, ajoute au travail de ses salariés un sens plus large : celui de contribuer, fût-ce de façon modeste, à la construction d'un avenir meilleur.

Liberté et rigueur comme fondements d'un « management du bonheur »

Manager l'entreprise comme un espace de liberté, pour le plus grand bien de chacun, est certes une façon de répondre aux attentes postmodernes. L'individualisme basé sur le réseau (choisi, modulable) plus que sur l'équipe, sur moins de hiérarchie et plus d'initiative, aboutissant parfois à des groupes d'improvisation crées par des salariés volontaires, est une tendance qui s'affirme.

On sait toutefois que cette liberté doit être productive pour l'entreprise et qu'il n'y a pas de liberté sans règles. Intégrer la notion de bonheur au management, c'est précisément savoir conjuguer intelligemment liberté et rigueur qui sont des exigences complémentaires nous mettant face à deux erreurs à éviter : se priver de la motivation incomparable que suscite le sentiment de liberté, ou jouer la liberté sans la cadrer avec rigueur. S'agissant de bonheur, de nouveaux schémas de référence restent à construire d'après un paradoxe emprunté au management de projets : « *plus l'objet du projet est qualitatif, plus sa construction doit être rigoureuse* ». ■

Octave Gélinier

Un contexte favorable

Tant que la richesse d'une population n'était mesurée qu'à sa seule valeur comptable et en taux de croissance du PIB, tant que la performance de l'entreprise ne s'exprimait qu'en termes financiers, la question du bonheur semblait tenue à distance respectable de la sphère de l'entreprise et son influence sur les questions économiques restait hypothétique.

Cependant, il commence à être admis que les richesses ne peuvent se résumer simplement à une valeur monétaire. Elles doivent aussi traduire, à l'échelle d'un pays, le « capital social » : ressources naturelles, capital d'éducation, qualité des relations sociales, état de santé de la population, etc. Cette richesse a été rarement prise en compte pour ce qu'elle est, car, mal mesurée, elle a le plus souvent été considérée comme gratuite. Mais depuis quelques années, le programme des Nations Unies pour le développement humain (PNUD) tente, à travers des indicateurs du bien-être social, de prendre en compte ces richesses immatérielles.

Nos conceptions traditionnelles de la richesse sont en train de changer

Les richesses ne peuvent plus seulement se mesurer en termes monétaires. Des pays de plus en plus nombreux tentent de corriger le PIB pour le rapprocher d'un indicateur de bien-être, en en retranchant les dépenses qui correspondent à des réparations de dommages infligés par la croissance elle-même (dépenses de police, accidents automobiles, déforestations, dégradations dues à la pollution…) Comme l'a si bien expliqué la philosophe Dominique Méda, il nous faudra arrêter un jour de considérer comme enrichissements des opérations qui consistent à détruire non seulement notre capital mais également nous-mêmes.

Le ton est donné et le contexte semble a priori favorable pour que les programmes de développement durable appliqués désormais par les entreprises les incitent à porter une attention toute particulière à la valeur ajoutée sociale qu'elles produisent. La définition de cette valeur sociale reste à géométrie variable et englobe les conditions de travail, la contribution à la formation et à l'employabilité, et plus généralement le souci de l'éthique et la qualité des comportements dans l'entreprise.

Cette évolution représente une ouverture intéressante qui montre la prise de conscience d'une recherche d'un développement qualitatif et non plus uniquement quantitatif. La question du bonheur, rarement évoquée dans ce contexte, n'est pourtant pas loin.

Bonheur et développement durable, même démarche ?

> « *Nous devons être le changement que nous voulons voir dans le monde* »
> Gandhi

Ainsi, le questionnement sur la notion de bonheur pourrait donc puiser aux mêmes sources que le développement durable ?

Sans doute, car la dimension sociétale mise en valeur par le développement durable ramène tout naturellement à notre propre condition humaine. En replaçant l'individu au centre, pas l'homme statistique ou l'homme abstrait de demain, mais l'homme d'ici et maintenant (vous par exemple) avec ses désirs et ses contradictions, il semble possible de s'impliquer soi-même, authentiquement, dans la réflexion, et de commencer par ce que Robert Misrahi appelle la « *conversion réflexive* ».

Le développement durable appliqué à soi-même

Vous voulez le bien des autres et vous êtes plein de bonnes intentions à l'égard de millions de personnes que vous ne connaissez pas. Il vous arrive même de rêver partir pour l'Afrique en mission humanitaire. Arrêtez-vous un instant et essayez d'abord une solution apparemment plus simple qui consiste à prendre le premier humain que vous avez sous la main, celui sur lequel vous pensez avoir le plus d'influence (VOUS). Demandez-lui alors comment il envisage son propre développement durable. Qu'est-ce qui est le plus important : le développement ? la durabilité ? Et si c'était une synthèse plus personnelle et plus subtile... une certaine idée du bonheur.

Quel bonheur ?

Si l'on souhaite que la question du bonheur ait la moindre chance d'être utile à l'entreprise, peut-être faut-il d'emblée écarter ce qui nous semble être de fausses pistes. Notamment celle qui détourne la question du bonheur vers un produit d'appel (en travaillant chez nous, vous serez plus heureux, « *le bonheur si je veux* », « *partenaire du bonheur* ») ou le ramène au rang d'une satisfaction purement hédoniste.

Un autre risque est de considérer que la question du bonheur est une question morale : « *comment faire le bien ?* », alors qu'elle est plutôt une question existentielle personnelle : « *comment bien vivre ?* », « *comment avoir une vie pleine de sens et de joie ?* », y compris dans l'espace de développement et de production avec les autres qu'est l'entreprise.

La question du bonheur ne consiste sans doute pas non plus à rendre superficiellement plus désirable l'entreprise afin de faciliter l'adhésion de l'autre. Non, bien au contraire, nous croyons plutôt que le meilleur garant du respect d'autrui est de dire haut et fort qu'il n'est pas possible de faire le bonheur des autres, car le bonheur reste l'affaire personnelle de chacun. En revanche, partant de sa propre vision et d'une expérimentation sérieuse du bonheur, un dirigeant peut légitimement entreprendre la re-fondation de son projet social avec un maximum d'efficacité en vue de créer les meilleures conditions d'épanouissement pour chacun.

Quoi qu'il en soit, nous croyons qu'il faut en passer par l'expérience personnelle d'abord, à commencer par le dirigeant lui-même. La recherche du bonheur n'est pas une technique neutre que l'on appliquerait selon des processus définis. Cela n'écarte pas pour autant, comme nous le verrons plus loin, la nécessité d'inventer de nouveaux schémas mentaux, de nouvelles références. C'est de cette recherche du bonheur, démarche d'abord individualisée, puis collectivement favorisée, que l'on peut également attendre un sens retrouvé de la performance.

Un travail concret sur le bonheur, précisément parce qu'il se déroule dans le cadre de l'entreprise, commence donc par soi-même. ■

Une démarche possible

En matière de bonheur, il n'existe pas de recettes toutes faites, mais des cuisiniers attentifs à ce qu'ils mijotent. Pour vous aider dans votre propre réflexion, voici quelle pourrait être une démarche possible.

Redonner du sens à l'excellence

Continuer à vouloir être un excellent chef d'entreprise selon les critères émergents du développement durable mènerait donc plutôt sur le chemin du bonheur. Mais attention cependant à ne pas laisser la seule logique de compétition, la volonté d'être le meilleur, se substituer à l'ambition vertueuse d'être meilleur, ou à la recherche du meilleur, c'est-à-dire du préférable pour moi et les autres. *Osez le bonheur* n'est pas un nouveau *Prix de l'excellence*. La réflexion sur le bonheur peut déboucher sur une ambition particulièrement élevée *« être heureux y compris dans l'entreprise »*, mais appelle à l'humilité et à l'implication personnelle.

La recherche de l'excellence, revisitée à travers la question du bonheur, est davantage la construction de ce qui est bon pour moi (« *et si cela est juste et respectueux de la vie, cette attitude laissera également passer de bonnes choses pour les autres* »[1]). Elle n'est pas la recherche de ce qui est considéré par les autres comme digne de reconnaissance, ou la construction de l'image que je veux donner de moi.

La question du bonheur ne simplifie pas dans un premier temps notre vision de l'entreprise. Elle lui rajoute une dimension, sans nous dispenser de nous occuper de celles déjà identifiées : les dimensions économique, sociale et environnementale.

Le modèle d'entreprise compatible avec la quête du bonheur est bien celui qui place l'homme en son centre. L'effort vers la performance n'est pas détourné mais complété. Être meilleur sur l'ensemble des paramètres ne peut nuire à votre recherche du bonheur en tant que dirigeant… à condition de rester cohérent avec ce que vous considérez vous-même comme représentant le « préférable »

1. Daniel Sibony, *Don ou partage de soi*, Odile Jacob, 2000.

pour vous. Vos représentations, les plus justes du moins, y compris celles avec lesquelles vous avez l'habitude de piloter l'entreprise, ne deviennent pas brutalement caduques ; elles sont enrichies, bousculées peut-être, restructurées mais surtout complétées par le filtre puissant du questionnement sur le bonheur.

En réalité, de nombreux dirigeants consultés pensent qu'on ne peut être heureux qu'avec les autres. L'entreprise qui recherche le meilleur pour toutes les personnes qui en sont parties prenantes se prémunit contre une subite dilution du lien social. Seuls les aspects les plus cyniques des stratégies et des systèmes d'organisation peuvent craindre d'être démasqués.

Préparer la révolution intérieure

La question du bonheur peut s'imposer d'une manière subite, le travail quant à lui nécessite du temps et éventuellement des étapes successives. Nos rencontres avec de nombreux interlocuteurs, dans le cadre du travail du GRES, démontrent tout d'abord un grand intérêt pour le sujet et une spectaculaire capacité d'appropriation des thèmes abordés.

Le travail sur le bonheur appelle dans un premier temps le dirigeant à se focaliser sur son propre bonheur. Cette démarche qui peut sembler égoïste paraît être en fait la seule manière de se poser les bonnes questions. Les architectes, s'ils devaient vivre dans ce qu'ils ont conçu, n'auraient peut-être pas contribué à certains projets de logements. On sait aujourd'hui que le « pas cher mais invivable » peut à terme provoquer des coûts sociétaux énormes.

Cette implication sincère de soi nécessite une vraie maturité. Mais sans ce travail en profondeur, le risque est grand « *de gravir tous les échelons du succès et de s'apercevoir que l'échelle n'est pas posée sur le bon mur* »[1].

Et si les effets du bonheur peuvent sembler correspondre à une lente évolution, le déclenchement du processus est de l'ordre de la révolution intérieure marquée par deux convictions :

- Seul le dirigeant imprégné de la question du bonheur et attentif au sien propre amène l'entreprise à se transformer, non pas vers une image normée et standardisée de l'excel-

1. Stephen R. Covey, *Les sept Habitudes de ceux qui réussissent tout ce qu'ils entreprennent*, Éditions First, 1996.

lence, mais vers une perméabilité à plus de joie et à une intégration des « préférables » pour chacun dans sa recherche de performance globale.

- Le dirigeant animé par l'idée de faire progresser toute l'entreprise continuera à prendre quotidiennement des décisions qui contrediront souvent sa vision du préférable. Mais il disposera du modèle de référence qu'il aura lui-même construit. Il sera alors de plus en plus tenté de libérer les espaces de créativité et de vie dans l'entreprise.

Se poser les bonnes questions

La recherche du bonheur est d'abord un mouvement de libération, un mouvement visant à se sentir libre dans son propre champ d'action. La liberté ne peut s'imaginer sans son pendant, l'autre face de la médaille, la responsabilité.

Le premier pas pour l'entreprise est de conquérir cette liberté et d'oser poser la question du bonheur. Mais c'est d'abord, avant de se risquer à la poser aux autres, la responsabilité pour le dirigeant de s'interroger sur son propre bonheur et d'accepter que d'autres aussi s'interrogent :

- Est-ce que je vis l'entreprise sous le mode du sacrifice (mon propre sacrifice consenti, qui exige en contrepartie le sacrifice de l'autre), ou suis-je motivé par la recherche d'une vie pleine de satisfaction et de sens ?

- Est-ce que je me demande si le bureau du médecin du travail est un bureau des pleurs, ou si les collaborateurs de l'entreprise expriment spontanément les satisfactions que leur apportent leur travail, les relations qu'ils y nouent et la qualité des conditions de vie dans l'entreprise ?

- Est-ce que mon animation favorise un travail de maturation collective et individuelle, qui favorise l'autonomie de chacun, jusqu'à envisager pour certains de poursuivre ailleurs leurs projets ?

- Est-ce que je me donne pour objectif de mettre chacun en situation de piloter son propre parcours de vie ?

- Est-ce que je suis prêt à m'auto-évaluer sur ma capacité à favoriser la réussite des autres, à développer leur aptitude à être des « personnes en projet », ce qui pourrait constituer une forme avancée d'employabilité ?

- Puis-je me résoudre à considérer que je ne suis pas responsable des autres, même en tant que dirigeant de l'entreprise ou manager d'une équipe, mais que je suis responsable de la relation que j'ai avec eux ?

- Ai-je conscience de partager avec les autres quelque chose de l'ordre de la vie ? L'entreprise est traversée par cette vie que nous partageons, et dont nous sommes responsables, bien qu'elle ne nous appartienne pas.

Voilà ce qui pourrait être un mode de questionnement sur les espaces de liberté et de responsabilité liés la question du bonheur dans l'entreprise. Cette liste n'est pas exhaustive et pourra être facilement enrichie. Encore faut-il nous contenter d'imaginer le bonheur comme une résultante, peut-être improbable mais désirée, de multiples facteurs dont nous aurons au moins essayé d'optimiser quelques-uns.

Pratiquer l'auto-évaluation

La recherche que nous avons menée sur le bonheur nous a permis de prendre conscience qu'une majorité de personnes, à laquelle beaucoup d'entre nous déclarent appartenir, ne pratiquent pas l'analyse ou l'auto-évaluation de leurs actes. On essaie de bien faire… et après ? Et après rien. On ne cherche pas à mesurer ce qui s'est passé. Pour comprendre l'écart, en tirer des enseignements. Même si ce doit être un constat d'échec ou d'erreur, c'est pourtant le seul moyen de progresser.

Vous trouverez ci-après le modèle d'auto-évaluation que l'un des membres du GRES a élaboré pour sa propre entreprise. Cet outil montre que vouloir favoriser le bien-être dans son entreprise oblige à une véritable « *révolution copernicienne* » qui ébranle nos conceptions traditionnelles du management. Il montre aussi que vouloir l'épanouissement de ses collaborateurs implique pour le dirigeant une démarche somme toute assez stricte et exigeante et, comme point de départ, son investissement personnel : « *Nous ne connaissons des choses,* écrivait Kant, celui-là même qui inventa l'expression " révolution copernicienne ", *que ce que nous y mettons nous-mêmes* »[1].

---

1. Emmanuel Kant, *Préface à la critique de la raison pure*, 1787.

Modèle d'auto-évaluation proposé par un dirigeant, membre du GRES

Je souhaite en premier lieu que chacun puisse s'épanouir dans l'entreprise en me préoccupant de la cohérence entre :

- Ce que je dis et que je souhaite et ce que je fais réellement.
- Ce que je prône pour l'entreprise et la réalité de cette entreprise : quels sont les écarts ?

Dans mon entreprise, je souhaite que :

1. Chacun soit autonome et pro-actif
2. La motivation soit au plus haut
3. Les salaires soient corrects et justes
4. Les salariés viennent travailler avec plaisir
5. La solidarité soit omniprésente
6. Les responsables soient de véritables soutiens
7. Les produits réalisés soient des références sur le marché
8. Le travail soit vraiment collectif
9. La société reconnaisse largement cette entreprise
10. Les personnes en sortant soient plus fortes que lorsqu'elles y sont entrées

Après analyse, il s'avère qu'il existe un écart entre ces aspirations et la réalité : qu'est-ce qui est à l'origine de cet écart ?

1. Qu'est ce qui a usé l'autonomie de certaines personnes ?
2. Qu'est ce qui a usé la pro-activité ?
3. Qu'est ce qui a usé la motivation ?
4. Qu'est-ce qui a fait régresser la cohérence salariale ?
5. Qu'est ce qui a usé la solidarité entre les personnes ?
6. Qu'est-ce qui a démotivé les cadres de l'entreprise ?
7. Qu'est ce qui a fait que les produits se sont moins vendus ?
8. Qu'est-ce qui a cloisonné les salariés dans l'entreprise ?
9. Qu'est-ce qui a limité l'image de l'entreprise dans la cité ?
10. Qu'est-ce qui fait que des salariés se mettent à déprimer ?

Moi, dirigeant, quel est mon comportement ?
Est-ce que je porte avec moi
les valeurs que je souhaite ?

1. Est-ce que je fais confiance aux personnes qui m'entourent ? Ai-je confiance en moi ?
2. Est-ce que je fais ce qu'il faut pour améliorer cet état de fait ?
3. Est-ce que je sais reconnaître le travail effectué par mes proches, et aussi par les personnes moins proches ?
4. Est-ce que je me préoccupe de l'évolution du salaire de chacun ?
5. Est-ce que j'ai reconnu la valeur solidarité dans l'entreprise ?
6. Est-ce que je me suis montré solidaire des responsables, quand ils ont eu des difficultés externes ou internes ?
7. Est-ce que j'ai applaudi l'innovation et pris le risque de la cautionner ?
8. Est-ce que j'ai créé du lien entre les personnes ?
9. Est-ce que je participe à des actions locales au titre de l'entreprise ?
10. Est-ce que je me préoccupe de l'état psychologique des personnes de l'entreprise ?

Enrichir nos modèles de management

Chacun sait que les concepts modélisés et « instrumentalisés » ont plus de chances d'aboutir à leur mise en œuvre. Nous n'en sommes qu'au début de notre réflexion dans ce domaine et il ne s'agit en aucun cas pour nous de vouloir mettre le bonheur en équation. La « norme », ensemble de règles à suivre dictées de l'extérieur, est en l'espèce parfaitement inappropriée.

En revanche, le modèle de management idéal restant à inventer est celui qui inclurait dans sa représentation systémique de l'entreprise l'une des aspirations les plus profondes de l'individu, celle de rechercher, en tous lieux y compris dans le cadre de son travail, à être heureux et à s'épanouir. Qui inclurait toute démarche favorisant dans l'entreprise la création, même informelle, d'espaces de réflexion réservés à l'épanouissement de soi. Qui inclurait des indicateurs de bien-être et le développement de pratiques prenant en compte ce que nous avons appelé plus haut « l'individu total » concernant des domaines variés :

- la pratique des bilans d'évolution ;
- l'enrichissement des compétences ;

- l'autonomie de travail et la manière de responsabiliser les individus ;
- l'étude systématique des comportements à tous les niveaux ;
- la mise en place de baromètres de motivation ;
- l'étude des fonctionnements (et dysfonctionnements) en groupe ;
- le sens affiché des projets et la clarté des objectifs ;
- la dimension conviviale, voire festive ;
- la perception et la fierté d'appartenance, etc.

L'objectif serait d'élaborer un modèle nécessairement systémique permettant d'embrasser des sujets complexes et subtils. Il obligerait à se donner des objectifs et à mesurer sans cesse les résultats obtenus. Le référentiel EFQM (Fondation européenne pour le management par la qualité) peut s'avérer utile pour aider à réfléchir. Il permet de partir d'une représentation complète et opérationnelle de l'entreprise et des différents niveaux d'interaction entre toutes les parties prenantes qui contribuent à la faire vivre : clients, salariés, actionnaires, fournisseurs, collectivités... Avis à tous ceux qui souhaitent ajouter ici leur pierre à la réflexion, le chantier est ouvert.

La mise en place d'un modèle a en outre l'avantage d'une certaine lisibilité des engagements. Il peut garantir, peut-être pas que les objectifs soient un jour atteints, mais au moins qu'on évitera de les oublier en cours de route ou, dit plus positivement, qu'on s'engage durablement à rechercher une amélioration permanente sur ce qui peut être considéré comme une des voies de progrès essentielles.

Une autre vertu du modèle est qu'il perdure même après le départ du leader et garantit la pérennité de ce type de démarche qualitative souvent intimement associée au dirigeant qui l'a initiée. Enfin, s'engager dans une telle démarche n'oblige pas à renoncer à la rigueur ni au souci d'efficacité de l'organisation en place. Elle laisse apparaître des pistes possibles, à conjuguer avec sa propre réalité, pour construire son approche d'une entreprise « heudémonico-compatible », c'est-à-dire compatible avec la recherche du bonheur. ■

Le bonheur
ES
FORCE
OUI
Le Bonheur
SP
gazelles et
aux

Le plus sûr chemin vers le bonheur

Le simple fait de porter une petite attention au bonheur peut très certainement influencer positivement l'évolution des comportements dans l'entreprise. Les plus convaincus chercheront très rapidement à mettre en application une démarche que ce livre leur aura peut-être inspirée. Les sceptiques pourront toujours se contenter de faire un pari sur davantage de résultats et de sens pour leur entreprise, partant du principe que vouloir le bien, ce n'est tout de même pas faire le mal.

Pour notre part, nous, membres du GRES, pouvons témoigner que dans l'étau habituel de nos engagements, des responsabilités et des devoirs, malgré les malheurs et les souffrances que chacun d'entre nous a dû traverser, ces deux ans de rencontres volontaires ont représenté une énorme bouffée d'oxygène. Ce travail sur le bonheur nous a rendus plus libres et plus vivants.

Il a également changé nos représentations et nos comportements. Et chacun d'entre nous s'est engagé dans une voie d'application qui lui est personnelle : mettre en place des actions concrètes pour protéger les personnes du stress, analyser les frustrations quotidiennes qui sont des freins récurrents à l'épanouissement des salariés, lister les dérives potentielles liées au pouvoir, à l'argent, à la routine et aux peurs, évaluer les limites du productivisme auxquels nous contraignons les autres et nous-mêmes, mettre en place une charte des bons comportements, partager plus équitablement savoirs et savoir-faire, favoriser la pratique du coaching à tous les niveaux et mettre en place des bilans d'évolution individuels, proposer des formations intégrant la philosophie, le développement personnel, l'hygiène de vie et du corps…

Maintenant nous proposons au lecteur de suivre le parcours que nous avons fait, en s'affranchissant de la facilité qui consiste à être toujours critique dans ce monde imparfait. Il est beaucoup plus difficile d'être vraiment heureux et de contribuer au bonheur des autres. Cela prend du temps, il y a plein d'embûches, rien n'est jamais acquis. Mais y a-t-il plus beau projet ?

En tout état de cause, la question du bonheur mérite d'être expérimentée par d'autres que nous. Sans en attendre un retour comptable pour l'entreprise, mais en considérant que travailler sur son propre bonheur, en même temps que de faciliter l'épanouissement des autres, est une voie de progrès importante et… le plus sûr chemin vers le bonheur.